새로운 도
다양한 자
동양북스
홈페이지에서
만나보세요!

www.dongyangbooks.com
m.dongyangbooks.com

KB176225

홈페이지 도서 자료실에서 학습자료 및 MP3 무료 다운로드

PC

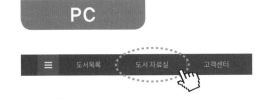

≡ 도서목록 　도서 자료실 　고객센터

❶ 홈페이지 접속 후 도서 자료실 클릭
❷ 하단 검색 창에 검색어 입력
❸ MP3, 정답과 해설, 부가자료 등 첨부파일 다운로드

＊ 원하는 자료가 없는 경우 '요청하기' 클릭!

MOBILE

＊ 반드시 '인터넷, Safari, Chrome' App을 이용하여 홈페이지에 접속해주세요. (네이버, 다음 App 이용 시 첨부파일의 확장자명이 변경되어 저장되는 오류가 발생할 수 있습니다.)

검색어를 입력하세요 🔍

❶ 홈페이지 접속 후 ≡ 터치

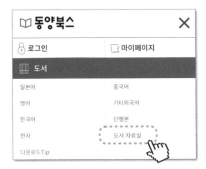

📖 동양북스 　　　　　✕

🔒 로그인 　　　　　　📄 마이페이지

📚 도서

일본어 　　　　　중국어
영어 　　　　　기타외국어
한국어 　　　　　단행본
한자 　　　　　도서 자료실
다운로드Tip

❷ 도서 자료실 터치

❸ 하단 검색창에 검색어 입력
❹ MP3, 정답과 해설, 부가자료 등 첨부파일 다운로드

＊ 압축 해제 방법은 '다운로드 Tip' 참고

미래와 통하는 책

가장 쉬운 독학
일본어 첫걸음
14,000원

버전업! 굿모닝
독학 일본어 첫걸음
14,500원

일단 합격하고 오겠습니다
JLPT 일본어능력시험 N3
26,000원

일본어 100문장 암기하고
왕초보 탈출하기
13,500원

가장 쉬운 독학
중국어 첫걸음
14,000원

가장 쉬운 중국어
첫걸음의 모든 것
14,500원

일단 합격 新HSK
한 권이면 끝! 4급
24,000원

중국어
지금 시작해
14,500원

영어를 해석하지 않고
읽는 법
15,500원

미국식
영작문 수업
14,500원

세상에서 제일 쉬운
10문장 영어회화
13,500원

영어회화
순간패턴 200
14,500원

가장 쉬운 독학
베트남어 첫걸음
15,000원

가장 쉬운 독학
프랑스어 첫걸음
16,500원

가장 쉬운 독학
스페인어 첫걸음
15,000원

가장 쉬운 독학
독일어 첫걸음
17,000원

동양북스 베스트 도서

THE
GOAL 1
22,000원

인스타
브레인
15,000원

직장인, 100만 원으로
주식투자 하기
17,500원

당신의 어린 시절이
울고 있다
13,800원

놀면서 스마트해지는 두뇌 자극
플레이북 딴짓거리 EASY
12,500원

죽기 전까지
병원 갈 일 없는 스트레칭
13,500원

가장 쉬운 독학
이세돌 바둑 첫걸음
16,500원

누가 봐도 괜찮은 손글씨 쓰는
법을 하나씩 하나씩 알기 쉽게
13,500원

가장 쉬운 초등 필수 파닉스
하루 한 장의 기적
14,000원

가장 쉬운 알파벳 쓰기
하루 한 장의 기적
12,000원

가장 쉬운 영어 발음기호
하루 한 장의 기적
12,500원

가장 쉬운 초등한자 따라쓰기
하루 한 장의 기적
9,500원

세상에서 제일 쉬운
엄마표 생활영어
12,500원

세상에서 제일 쉬운
엄마표 영어놀이
13,500원

창의쑥쑥 환이맘의
엄마표 놀이육아
14,500원

 동양북스
www.dongyangbooks.com
m.dongyangbooks.com

일본어뱅크

초급 떼고 바로 시작하는

일본어
프리
토킹

이시하라 히로타미 지음
가와하라다 노리코 감수

입문

동양북스

일본어뱅크

초급 떼고 바로 시작하는 **입문**

일본어 프리토킹

개정 3쇄 | 2021년 3월 20일

지 은 이 | 이시하라 히로타미
감   수 | 가와하라다 노리코
발 행 인 | 김태웅
편   집 | 길혜진, 이선민
디 자 인 | 남은혜, 신효선
마 케 팅 | 나재승
제   작 | 현대순

발 행 처 | (주)동양북스
등   록 | 제 2014-000055호
주   소 | 서울시 마포구 동교로22길 14 (04030)
구입 문의 | 전화 (02)337-1737   팩스 (02)334-6624
내용 문의 | 전화 (02)337-1762   dybooks2@gmail.com

ISBN 979-11-5768-415-1 (13730)

이 도서의 국립중앙도서관 출판예정도서목록(CIP)은 서지정보유통지원시스템 홈페이지(http://seoji.nl.go.kr)와 국가자료공동목록시스템(http://www.nl.go.kr/ kolisnet)에서 이용하실 수 있습니다.(CIP제어번호:CIP2018022168)

이 교재는 초급 과정을 마친 분들을 대상으로, 일본어로 상대에게 질문하거나 자신의 신변에 대해 이야기할 수 있는 능력을 기르도록 기획되었습니다.

일상회화에서 가장 많이 등장하는 상황을 설정하고 각 상황에서 필요한 문형을 추려 내어 그에 필요한 어휘와 함께 익히도록 함으로써 상황에 따라 자연스러운 일본어를 구사할 수 있도록 했습니다.

본 교재는 모두 18개의 상황으로 구성되어 있는데, 이것들은 크게 세 파트로 나뉘어 있습니다.

첫 번째 파트는 자기소개와 관련된 것입니다. 가족이나 취미, 직업, 소속 등 자기소개를 할 때 필요한 내용을 수록해 언제 어디에서든지 자신있게 자기를 소개할 수 있는 능력을 기를 수 있도록 했습니다.

두 번째 파트에서는 스포츠, 영화, 음악, 요리, 여행 등 취미 생활과 관련된 것들을 묻고 답하는 능력을 기를 수 있도록 했습니다.

세 번째 파트에서는 공부, 결혼, 친구, 아르바이트, 스트레스 등 현재 자신의 관심사에 대해 이야기할 수 있는 능력을 기르도록 했습니다

위의 각 테마는 지난 10여 년 동안 한국에서 가르쳐 온 경험을 통해 얻은 것들입니다. 무엇보다 일본어 습득에 다른 어느 나라 사람보다 빠른 감각을 가진 한국인들에게 초급 단계에서의 프리토킹 교재가 필요함을 절실하게 느껴왔습니다. 따라서 회화 중심의 일본어 학습을 원하는 분들이나 그리고 그러한 교육의 필요성을 느끼시는 선생님들께 좋은 교재가 되리라 생각합니다

마지막으로 한국어 번역을 담당해 주신 김보영 선생님과 정혜윤 선생님께 깊이 감사드립니다. 또한 본 교재로 학습하시는 여러분의 실력 향상에 많은 보탬이 되기를 바라마지 않습니다.

저자 이시하라 히로타미

목차

🗣️ 会話

각 과의 주제와 관련된 회화문입니다 가장 많이 접하게 되는 상황을 설정하여 만든 것이므로, 각 주제와 관련한 대화의 흐름을 익힐 수 있습니다. 상대에게 묻고 대답하는 방법이나 화제를 바꾸는 요령 등을 주의 깊게 익혀 두었다가 실제 회화에 응용하면 좋은 효과를 얻을 수 있습니다.

💡 内容チェック

회화의 내용을 잘 파악했는지 간단하게 질문하는 부분입니다 교재에 실리지 않은 다른 내용들에 대해서도 서로 묻고 답해 봅시다. 많이 묻고 많이 답하기는 곧 회화의 기본입니다. 아주 하찮은 것이라도 일본어로 묻고 답하는 습관을 들입시다.

文型練習

회화에 이용된 표현 중에서 가장 중요한 것을 골라 집중적으로 연습할 수 있도록 했습니다. 또한 한 가지 표현으로 다양한 화제를 대입하는 방법도 익힐 수 있습니다. 교재에 실려 있는 문형 표현 외에도 회화에 필요한 다른 표현들을 설정해 교재와 같은 방법으로 연습하면 회화 실력 향상에 많은 도움이 될 것입니다.

🗣️ 会話練習

회화, 내용체크, 문형연습 등을 통해 익힌 내용을 이용해 본격적인 회화 연습을 하는 부분입니다. 지금까지는 교재에서 주어진 내용만을 이용한 묻고 답하기였다면, 이 부분에서는 실제로 자기 자신에 대한 이야기를 합니다. 대부분의 질문은 앞에서 익힌 내용 안에서 선택된 것이므로, 응용력을 발휘하면 쉽게 접근할 수 있습니다.

関連語句

회화 연습에서는 사람마다 제각기 다른 말들을 하게 됩니다. 따라서 주제와 관련된 다양한 어구 및 표현들이 필요합니다. 따라서 이 부분에서는 회화 연습에서 사용될 수 있는 어구 및 표현들을 가능한 한 많이 실어 두어 회화 연습에 최대한 도움이 되도록 했습니다. 한편 회화를 하다 보면 여기에 실리지 않은 어구나 표현들이 필요한 경우도 있을 것입니다. 이런 경우는 지도 선생님 또는 주위에 일본어를 잘하시는 분의 조언을 구하거나 동양북스 홈페이지의 게시판을 활용하시면 도움이 될 것입니다.

모델 만들기

모델 만들기는 자기 자신에 대해 언제 어디서든 발표할 수 있도록 이 교재의 학습을 통해 미리 만들어 놓는다는 의미에서 설정한 부분으로, ① 자기소개, ② 취미, ③ 흥미 있는 일 등 세 가지로 구성되어 있습니다. 먼저 ① 자기소개에서는 자신의 이름, 소속, 직업, 취미, 앞으로의 계획, 가족 사항 등에 대해 준비하도록 한 것이고, ② 취미에서는 스포츠, 영화, 음악, 여행 요리 등 다양한 취미를 이야기 하는 데에 대비토록 한 것이며, ③ 흥미 있는 일에서는 자신이 현재 가장 관심을 많이 갖고 있는 분야에 대해 이야기하는 것을 준비하는 데에 도움이 되도록 한 것입니다. 이 세 가지 주제는 우리가 일상회화에서 가장 흔하게 접할 수 있는 것들이므로, 이 교재 학습을 통해 미리 준비해 두면 후에 유용하게 써먹을 수 있는 기회가 있을 것입니다.

해석 및 참고 표현

교재 뒷부분에는 해석을 실어 두었습니다. 특히 문형 연습 해석에서는 문장을 완성했을 때의 해석이 실려 있어 문형 연습 문장 만들기 연습에 참고할 수 있습니다. 또한 참고 표현은 대화를 이끌어가는 데에 유용한 표현들을 모아 놓은 것입니다.

🔊**会話** 🎧 01-01

パク	はじめまして、パクと申します。どうぞよろしくお願いします。
田中	はじめまして、田中です。こちらこそ、どうぞよろしく。
パク	田中さんは、お勤めですか。
田中	ええ、国際商事という貿易会社に勤めています。 パクさんは学生さんですか。
パク	はい、私はまだ学生で、経営の勉強をしています。
田中	そうですか。私も学生時代、経営を専攻したんですよ。
パク	そうなんですか。 ところで、田中さんのお宅はどちらですか。
田中	私は、麻浦に住んでいます。

💡 内容チェック

1. 田中さんは学生ですか。

2. 田中さんは学生時代、どんな勉強をしましたか。

3. 田中さんはどこに住んでいますか。

語句練習

- はじめまして 처음 뵙겠습니다
- ～と申(もう)します ～라고 합니다
- どうぞよろしく 잘 부탁합니다
- お願(ねが)いします 부탁합니다
- こちらこそ 저야말로
- お勤(つと)め 근무
- 国際商事(こくさいしょうじ) 국제상사
- ～という ～라는
- 貿易会社(ぼうえきがいしゃ) 무역회사

- 勤(つと)めている 근무하고 있다
- まだ 아직
- 経営(けいえい) 경영
- 専攻(せんこう) 전공
- 学生時代(がくせいじだい) 학생시절
- お宅(たく) 댁
- どちら 어디
- ～に住(す)んでいる ～에 살고 있다
- 麻浦(マポ) 마포

1 ～と申します　🎧 01-02

A お名前は何とおっしゃいますか。

B ＿＿＿＿＿＿ と申します。どうぞよろしくお願いします。

❶ キム　　　　　　　　　❷ スミス

❸ チン　　　　　　　　　❹ ジョン

2 ～という　🎧 01-03

A どちらの会社にお勤めですか。

B 国際商事という会社に勤めています。

---

1. A どちらの会社にお勤めですか。

B ＿＿＿＿＿＿＿＿＿＿に勤めています。

2. A お昼はどこで食べましたか。

B ＿＿＿＿＿＿＿＿＿＿で食べました。

3. A どこでお酒を飲みましたか。

B ＿＿＿＿＿＿＿＿＿＿で飲みました。

4. A 昨日、誰に会いましたか。

B ＿＿＿＿＿＿＿＿＿＿ に会いました。

---

❶ 日本物産 / 会社　　　　　❷ 木曾川 / そば屋

❸ レインボー / カフェ　　　❹ 西川さん / 日本人

❸ 〜に住んでいる

🎧 01-04

A どちらにお住まいですか。

B _____ に住んでいます。

❶ 新宿　　　　　　　　　　　**❷** 池袋

❸ 京都　　　　　　　　　　　**❹** ソウル

語句練習

□ どちらの会社(かいしゃ) 어느 회사

□ 国際商事(こくさいしょうじ) 국제상사

□ 日本物産(にほんぶっさん) 일본물산

□ お昼(ひる) 점심 (식사)

□ 木曾川(きそがわ) 기소가와(음식점 이름)

□ そば屋(や) 메밀국수집

□ レインボー 레인보(무지개)

□ カフェ 카페

□ 昨日(きのう) 어제

□ 誰(だれ) 누구

□ 会(あ)う 만나다

□ 西川(にしかわ) 니시카와

□ 日本人(にほんじん) 일본인

□ 新宿(しんじゅく) 신주쿠(지역 이름)

□ 池袋(いけぶくろ) 이케부쿠로(지역 이름)

□ 京都(きょうと) 교토(지역 이름)

□ ソウル 서울(한국의 수도)

1. お名前は何とおっしゃいますか。

2. 失礼ですが、おいくつですか。

3. あなたは学生さんですか、お勤めですか。

4. （学生の場合）何を専攻していますか。
（会社員の場合）どんなお仕事をしていますか。

5. ご家族は何人ですか。

6. どちらにお住まいですか。

～年生まれ ～년생	満で 만으로(나이)
証券会社 증권회사	食品会社 식품회사
保険会社 보험회사	建設会社 건설회사
商社 상사	銀行 은행
新聞社 신문사	出版社 출판사
放送局 방송국	花屋 꽃가게
パン屋 빵가게	クリーニング屋 세탁소
病院 병원	公務員 공무원
教師 교사	運転手 운전수
秘書 비서	自営業 자영업
歴史 역사	文学 문학
会計 회계	音楽 음악
体育 체육	美術 미술
医学 의학	哲学 철학
デザイン 디자인	経済 경제
電子工学 전자공학	建築 건축
機械工学 기계공학	観光 관광

▶ 02 私の選んだ仕事

🔊 会話

🎧 02-01

鈴木	リーさんは、どんなお仕事をしているんですか。
リー	私は貿易会社で働（はたら）いています。
鈴木	どうして貿易会社を選（えら）んだんですか。
リー	以前（いぜん）から貿易の仕事には興味（きょうみ）があったし、学生時代に習（なら）った 日本語も生（い）かせると思（おも）ったからです。
鈴木	そうですか。じゃ、日本語を実際（じっさい）に使（つか）うことも多（おお）いんですか。
リー	ええ、取引先（とりひきさき）に電話（でんわ）をかけて、お客（きゃく）さんと商談（しょうだん）をします。 でも、ときどき会話の途中（とちゅう）でわからない言葉（ことば）があって、 相手（あいて）に迷惑（めいわく）をかけることもあります。
鈴木	たいへんですね。
リー	ですから、もっと専門的（せんもんてき）な勉強をしようと思っています。
鈴木	そうですか。がんばってください。

1. リーさんは、どんな会社で働いていますか。

2. リーさんは、どうして今の会社を選びましたか。

3. リーさんは、どうして専門的な勉強をしようと思っていますか。

語句練習

- □ どんな 어떤
- □ 働(はたら)く 일하다
- □ 選(えら)ぶ 고르다, 선택하다
- □ 以前(いぜん) 이전, 예전
- □ 興味(きょうみ) 흥미, 관심
- □ 習(なら)う 배우다
- □ 日本語(にほんご) 일본어
- □ 生(い)かす 살리다
- □ 思(おも)う 생각하다
- □ ~から ~때문
- □ じゃ 그럼
- □ 実際(じっさい) 실제
- □ 使(つか)う 사용하다, 쓰다
- □ 多(おお)い 많다
- □ 取引先(とりひきさき) 거래처

- □ 電話(でんわ)をかける 전화를 걸다
- □ お客(きゃく)さん 손님
- □ 商談(しょうだん) (비즈니스 상의) 상담
- □ ときどき 때때로
- □ でも 하지만
- □ 途中(とちゅう) 도중
- □ わからない言葉(ことば) 모르는 말
- □ 相手(あいて) 상대
- □ 迷惑(めいわく)をかける 폐를 끼치다
- □ ~こともある (~하는) 일도 있다
- □ たいへんだ 힘들다
- □ ですから 그래서, 그렇기 때문에
- □ もっと 좀더
- □ 専門的(せんもんてき) 전문적
- □ がんばってください 분발하세요

文型練習

1　～で働いています

🎧 02-02

A　どんなお仕事をしているんですか。

B　私は＿＿＿＿＿ で働いています。

❶ 銀行　　　　　　　　　❷ 郵便局

❸ 市役所　　　　　　　　❹ 飲食店

2　～こともある

🎧 02-03

A　会社で日本語を使いますか。

B　はい、ときどき使うこともあります。

---

1. A　天気がいい日は東京から富士山が見えますか。

　　B　はい、＿＿＿＿＿＿＿＿＿＿＿＿＿＿＿＿＿＿。

2. A　日本へ出張しますか。

　　B　はい、＿＿＿＿＿＿＿＿＿＿＿＿＿＿＿＿＿＿。

3. A　お父さんとよく話しますか。

　　B　はい、＿＿＿＿＿＿＿＿＿＿＿＿＿＿＿＿＿＿。

4. A　お酒に酔いますか。

　　B　はい、＿＿＿＿＿＿＿＿＿＿＿＿＿＿＿＿＿＿。

- -

❶ ときどき見える　　　　❷ ときどき出張する

❸ ときどき話す　　　　　❹ ときどき酔う

③ ～ようと思っている

02-04

A どんな外国語を勉強しますか。

B 日本語を勉強しようと思っています。

---

1. A 夏休みにどこへ行きますか。

   B ＿＿＿＿＿＿＿＿＿＿＿＿。

2. A 明日、何を買いますか。

   B ＿＿＿＿＿＿＿＿＿＿＿＿。

3. A 今晩、何を食べますか。

   B ＿＿＿＿＿＿＿＿＿＿＿＿。

4. A 週末に何をしますか。

   B ＿＿＿＿＿＿＿＿＿＿＿＿。

❶ 日本へ行く

❷ ワンピースを買う

❸ さしみを食べる

❹ 映画を見る

語句練習

- 銀行(ぎんこう) 은행
- 郵便局(ゆうびんきょく) 우체국
- 市役所(しやくしょ) 시청
- 飲食店いんしょくてん) 음식점
- 天気(てんき)がいい日(ひ) 날씨가 좋은 날
- 富士山(ふじさん) 후지산
- 出張(しゅっちょう)する 출장 가다
- お父(とう)さん 아버님
- よく 자주
- 話(はな)す 이야기하다
- お酒(さけ)に酔(よ)う 술에 취하다

- 外国語(がいこくご) 외국어
- 夏休(なつやす)み 여름휴가, 여름방학
- どこへ 어디에
- 明日(あした) 내일
- 買(か)う 사다, 구입하다
- ワンピース 원피스
- 今晩(こんばん) 오늘 밤
- さしみ 생선회
- 週末(しゅうまつ) 주말
- 映画(えいが) 영화

1. あなたはどんな仕事をしていますか。
（学生：将来はどんな仕事がしたいですか。）

2. どうしてその仕事を選びましたか。

3. 仕事をするには何が重要だと思いますか。
（例）専門知識／人間関係／体力／努力／ごますり

4. あなたの幼いときの夢は何でしたか。

サラリーマン 샐러리맨	ビジネスマン 비즈니스맨
デザイナー 디자이너	プロデューサー 프로듀서
カメラマン 카메라맨	スチュワーデス 스튜어디스
コック 요리사	コンピュータープログラマー 컴퓨터 프로그래머
モデル 모델	美容師 미용사
塾の講師 학원 강사	外交官 외교관
画家 화가	歌手 가수
俳優 배우	事業家 사업가
医者 의사	看護師 간호사
警察官 경찰관	消防士 소방관
建築家 건축가	農夫 농부
法官 법관	弁護士 변호사
記者 기자	アナウンサー 아나운서
演奏家 연주가	指揮者 지휘자
科学者 과학자	郵便配達人 집배원
パイロット 비행사	音楽家 음악가
スポーツマン 스포츠맨	写真作家 사진 작가
ジャーナリスト 저널리스트	ニュースキャスター 뉴스 캐스터
編集者 편집자	作家 작가
舞踊家 무용가	会計士 회계사
通勤時間 통근 시간	週休二日 주 5일 근무
上司 상사	部下 부하
勤務環境 근무환경	業種 업종

🔊 会話

03-01

キム	小川さんのご趣味は何ですか。
小川	私の趣味は絵を描くことです。休みの日には、近くの公園に行ってスケッチをします。
キム	いつから絵に興味をもったんですか。
小川	小学生のころからよく、父と描きました。
キム	それでは、お父さんも絵がお好きだったんですか。
小川	ええ、実は、父の影響なんです。
キム	そうだったんですか。絵のほかには、どうですか。
小川	そうですね。楽器を演奏したり、料理を作ったりするのも好きです。
キム	多才ですね。
小川	とんでもありません。下手の横好きなだけです。

内容チェック

1. 小川さんの趣味は何ですか。

2. いつから、なぜ、始（はじ）めましたか。

3. キムさんはなぜ、多才だと小川さんをほめましたか。

語句練習

□ご趣味（しゅみ） 취미

□絵（え） 그림

□描（か）く 그리다

□休（やす）みの日（ひ） 쉬는 날, 휴일

□近（ちか）く 근처

□公園（こうえん） 공원

□スケッチ 스케치

□いつから 언제부터

□興味（きょうみ）をも（持）つ 흥미를 갖다

□小学生（しょうがくせい） 초등학생

□それでは 그러면

□お好（す）きだ 좋아하시다

□実（じつ）は 실은

□影響（えいきょう） 영향

□楽器（がっき） 악기

□演奏（えんそう） 연주

□料理（りょうり） 요리

□作（つく）る 만들다

□多才（たさい） 다재, 재주가 많음

□とんでもない 당치도 않다

□下手（へた） 서툼

□下手（へた）の横好（よこず）き
　서툰 주제에 무턱대고 좋아함

□始（はじ）める 시작하다

□ほめる 칭찬하다

❶ ～ことです

🎧 03-02

A 小川さんの趣味は何ですか。

B 私の趣味は絵を描くことです。

A あなたの趣味は何ですか。

B 私の趣味は＿＿＿＿＿＿＿＿＿＿＿＿＿＿＿＿＿。

❶ スポーツを見る　　　　❷ 山に登る

❸ 花を生ける　　　　　　❹ 碁を打つ

❷ ～に興味を持つ

🎧 03-03

A いつから絵に興味をもったんですか。

B 小学生のころからです。

---

1. A ＿＿＿＿＿＿＿＿＿＿＿＿＿＿＿＿＿＿。

　　B 高校時代からです。

2. A ＿＿＿＿＿＿＿＿＿＿＿＿＿＿＿＿＿＿。

　　B 中学生のころからです。

3. A ＿＿＿＿＿＿＿＿＿＿＿＿＿＿＿＿＿＿。

　　B 大学時代からです。

4. A ＿＿＿＿＿＿＿＿＿＿＿＿＿＿＿＿＿＿。

　　B 独身時代からです。

❶ 料理　　❷ 編み物　　❸ 茶道　　❹ 踊り

❸ 〜のが好きです

A　何をする**の**が好きですか。

B　私は絵を描く**の**が好きです。

A　何をする**の**が好きですか。

B　私は＿＿＿＿＿＿＿＿＿＿＿＿＿＿＿＿＿＿＿。

❶ セーターを編む　　　　　❷ テレビを見る

❸ ドライブをする　　　　　❹ ピアノを弾く

語句練習

▫スポーツ 스포츠

▫山(やま)に登(のぼ)る 산에 오르다

▫花(はな)を生(い)ける 꽃꽂이를 하다

▫碁(ご)を打(う)つ 바둑을 두다

▫料理(りょうり) 요리

▫高校時代(こうこうじだい) 고등학생 시절

▫編(あ)み物(もの) 뜨개질

▫中学生(ちゅうがくせい) 중학생

▫茶道(さどう) 다도

▫踊(おど)り 춤

▫独身(どくしん) 독신

▫セーターを編(あ)む 스웨터를 짜다

▫テレビを見(み)る 텔레비전을 보다

▫ドライブをする 드라이브를 하다

▫ピアノを弾(ひ)く 피아노를 치다

1. あなたの趣味（しゅみ）は何ですか。いつから、なぜ始（はじ）めましたか。

2. あなたは、暇（ひま）な時間があるとき何をしますか。

3. あなたは今、何に関心（かんしん）がありますか。

読書 독서

陶芸 도예

書道 서예

茶道 다도

華道 꽃꽂이의 도

人形作り 인형 만들기

音楽鑑賞 음악 감상

編み物 편물, 뜨개질

刺繍 자수

スポーツ観戦 스포츠 관전

ダンスを踊る 춤을 추다

サイクリング 사이클

ドライブ 드라이브

登山 등산

ボーリング 볼링

将棋をさす 장기를 두다

碁をうつ 바둑을 두다

盆栽 분재

釣り 낚시

ビリヤード 당구

スキー 스키

スノーボード 스노우보드

インターネットゲーム 인터넷게임

料理 요리

写真を撮る 사진을 찍다

アマチュア無線 아마추어 무선

あやとり 실뜨기

折り紙 종이 접기

ガーデニング 정원 가꾸기

工芸 공예

ガラス工芸 유리 공예

金属工芸 금속 공예

木工芸

模型 모형

コレクション 수집

せっけん作り 비누 공예

バードウォッチング 탐조, 새 관찰

手品 마술

発明 발명

🔊会話

🎧 04-01

パク	田中さんは、今後も韓国で暮すんですか。
田中	ええ、そのつもりです。パクさんもご存じのとおり、私の妻は韓国人なので、今後も韓国で暮そうと思っています。
パク	お仕事も、今のお仕事は続けてなさるんですか。
田中	ええ、当分は続けるつもりです。
パク	じゃ、将来は。
田中	将来ですか。私は貿易の仕事に興味があるので、機会があれば貿易の仕事がしてみたいです。
パク	そうですか。
田中	せっかく韓国語も話せるようになったし、それに日本と貿易するようになれば、たびたび日本にも帰れますからね。
パク	そうですか。将来ぜひ、希望がかなえばいいですね。

1. 田中さんは、今後どこで暮すつもりですか。それはどうしてですか。

2. 田中さんが将来、したい仕事は何ですか。

3. 田中さんはどうして、将来その仕事がしたいんですか。

語句練習

- 今後(こんご) 앞으로
- 暮(くら)す 살다
- つもり 생각, 작정
- ご存(ぞん)じ 아심(알다의 존경어)
- ～とおり ～대로
- 妻(つま) 아내
- 暮(くら)そうと思(おも)っている
  살려고 생각하고 있다
- 続(つづ)けてなさる 계속해서 하시다
- 当分(とうぶん) 당분간
- 将来(しょうらい) 장래, 미래
- 興味(きょうみ) 흥미

- 貿易(ぼうえき) 무역
- 機会(きかい) 기회
- あれば 있다면
- してみたい 해 보고 싶다
- せっかく 모처럼
- 話(はな)せる 말할 수 있다
- ～ようになる ～하게 되다
- ～し ～(하)고
- たびたび 자주
- 希望(きぼう) 희망
- かなう (희망 등이) 이루어지다

1 ～つもり

🎧 04-02

A 今後も韓国で暮すんですか。

B はい、そのつもりです。

---

1. A 夏休みに日本に行くんですか。

B はい、＿＿＿＿＿＿＿＿＿＿＿。

2. A 今年の冬は何をしますか。

B ＿＿＿＿＿＿＿＿＿＿＿。

3. A 明日のセミナーに出席しますか。

B はい、＿＿＿＿＿＿＿＿＿＿＿。

4. A 彼と結婚するんですか。

B いいえ、＿＿＿＿＿＿＿＿＿。

❶ 日本へ行く

❷ スノーボードを習う

❸ 出席する

❹ 結婚しない

2 話せるようになる

🎧 04-03

A 韓国語が話せますか。

B はい、話せるようになりました。

---

1. A 辛い料理が食べられますか。

B はい、＿＿＿＿＿＿＿＿＿。

2. A 車の運転ができますか。

B はい、＿＿＿＿＿＿＿＿＿。

3. A 韓国の歌が歌えますか。

B はい、＿＿＿＿＿＿＿＿＿。

4. A 社交ダンスが踊れますか。

B はい、＿＿＿＿＿＿＿＿＿。

❶ 食べられる

❷ 運転できる

❸ 歌える

❹ 踊れる

③ ～てみたい 🎧 04-04

A どんな仕事がしたいですか。

B 貿易の仕事がしてみたいです。

---

1. A どんな料理が食べたいですか。

B ＿＿＿＿＿＿＿＿＿＿＿＿。

2. A どんな車に乗りたいですか。

B ＿＿＿＿＿＿＿＿＿＿＿＿。

3. A 夏休みに何がしたいですか。

B ＿＿＿＿＿＿＿＿＿＿＿＿。

4. A 日本に行ったら何がしたいですか。

B ＿＿＿＿＿＿＿＿＿＿＿＿。

❶ 韓国の珍しい料理を食べる

❷ イタリアのスポーツカーに乗る

❸ バックパック旅行をする

❹ 着物を着る

語句練習

- 夏休(なつやす)み 여름휴가, 여름방학
- 今年(ことし) 올해, 금년
- スノーボード 스노우보드
- 習(なら)う 익히다, 배우다
- セミナー 세미나
- 出席(しゅっせき) 출석, 참석
- 結婚(けっこん) 결혼
- 辛(から)い 맵다
- 車(くるま) 자동차
- 運転(うんてん) 운전
- できる 할 수 있다
- 歌(うた) 노래
- 歌(うた)う 노래하다

- 歌(うた)える 노래할 수 있다
- 社交(しゃこう)ダンス 사교 댄스
- 踊(おど)る 춤추다
- 踊(おど)る 춤출 수 있다
- 食(た)べたい 먹고 싶다
- 珍(めずら)しい 진귀하다, 드물다
- イタリア 이탈리아
- スポーツカー 스포츠카
- 乗(の)りたい 타고 싶다
- バックパック 배낭
- 旅行(りょこう) 여행
- 着物(きもの) 옷, 기모노
- 着(き)たい 입고 싶다

1. あなたは、日本語の他_{ほか}に勉強したいものがありますか。

2. あなたは、将来_{しょうらい}どんなことがしてみたいですか。
それは、どうしてですか。

3. みなさんは、将来、外国に住んでみたいですか。
それは、どうしてですか。

せんもん
専門 전문

せんこう
専攻 전공

かいがいしんしゅつ
海外進出 해외진출

けいえい
経営 경영

やく た
役立てる 유용하게 쓰다

ぎ じゅつ
技術 기술

せい じ か
政治家 정치가

げいじゅつ か
芸術家 예술가

けんちく か
建築家 건축가

もくひょう
目標 목표

じつげん
実現する 실현하다

か ぎょう
家業をつぐ 가업을 잇다

りゅうがく
留学する 유학가다

い みん
移民する 이민가다

けんきゅう
研究をする 연구를 하다

せんもん い
専門を生かす 전공을 살리다

けいえい
経営する 경영하다

マスターする 마스터하다

こ ども きょういく
子供の教育 아이 교육

かつどう
ボランティア活動 자원봉사활동

けんぶん ひろ
見聞を広める 견문을 넓히다

がいこく あこが
外国に童れる 외국을 동경하다

アメリカ 미국

なんべい
南米 남미

ヨーロッパ 유럽

フランス 프랑스

ドイツ 독일

イギリス 영국

ギリシャ 그리스

イタリア 이탈리아

スイス 스위스

ロシア 러시아

アジア 아시아

トルコ 터키

ちゅうごく
中国 중국

インド 인도

タイワン 대만

ベトナム 베트남

シンガポール 싱가포르

オーストラリア 호주

インドネシア 인도네시아

ホンコン 홍콩

ニュージーランド 뉴질랜드

アフリカ 아프리카

会話 🎧 05-01

パク	上田さんのご家族は何人ですか。
上田	妻と私、そして息子が２人で、４人家族です。 息子たちはまだ小学生です。
パク	失礼ですが、奥さんは何かお仕事をしているんですか。
上田	いいえ、何もしていません。 でも、最近、子供たちも手がかからなくなったので働きたいと言っています。
パク	そうですか。ところで、上田さんのご両親はご健在ですか。
上田	はい、おかげさまで。 実家の隣には弟夫婦も住んでいるので、安心しています。
パク	それはいいですね。

💡 内容チェック

1. 上田さんのご家族は何人ですか。

2. 上田さんの奥さんは働いていますか。

3. 上田さんの実家の隣にはだれが住んでいますか。

語句練習

- □ ご家族(かぞく) 가족(남의 가족)
- □ 何人(なんにん) 몇 명
- □ 妻(つま) 아내
- □ 息子(むすこ) 아들
- □ 小学生(しょうがくせい) 초등학생
- □ 失礼(しつれい) 실례
- □ 奥(おく)さん 부인
- □ 仕事(しごと) 일, 업무
- □ 最近(さいきん) 최근
- □ 子供(こども) 아이
- □ 手(て)がかからない 수고가 들지 않다

- □ 働(はたら)く 일하다
- □ 言(い)っている 말하고 있다
- □ ご両親(りょうしん) 부모님(상대방의)
- □ ご健在(けんざい) 건재
- □ 実家(じっか) 본가, 친정
- □ おかげさまで 덕분에
- □ 隣(となり) 옆, 이웃
- □ 弟夫婦(おとうとふうふ) 남동생 부부
- □ 安心(あんしん) 안심
- □ それはいいですね 그거 잘됐군요

1 ▶ AとB、そして　　🎧 05-02

A　ご家族は何人ですか。

B　妻と私、そして息子が2人で、4人家族です。

❶ 主人 / 私 / 娘 / 息子2人 / 5人　　❷ 父 / 母 / 私 / 3人

❸ 祖父母 / 両親 / 姉 / 私 / 6人　　❹ あなたの家族を話しましょう

2 ▶ 〜たい　　🎧 05-03

最近、子供たちも手がかからなくなったので、働きたいです。

1. A　夏休みにどこへ行きたいですか。

　B　＿＿＿＿＿＿＿＿＿＿＿＿＿＿＿＿＿＿。

2. A　晩ご飯は、何が食べたいですか。

　B　＿＿＿＿＿＿＿＿＿＿＿＿＿＿＿＿＿＿。

3. A　誰か会いたい人がいますか。

　B　はい、＿＿＿＿＿＿＿＿＿＿＿＿＿＿＿。

4. A　日曜日、何がしたいですか。

　B　日曜日は＿＿＿＿＿＿＿＿＿＿＿＿＿＿。

❶ ハワイ　　　　　　❷ 焼き肉

❸ 故郷の母　　　　　❹ 自分のしたいことを話しましょう

③　〜と言っています

1. A　友達は何と言っていますか。

   B　友達は＿＿＿＿＿＿＿＿＿＿＿＿＿＿＿＿＿＿＿＿。

2. A　お兄さんは何と言っていますか。

   B　兄は＿＿＿＿＿＿＿＿＿＿＿＿＿＿＿＿＿＿＿＿＿。

3. A　田中さんは何と言っていますか。

   B　田中さんは＿＿＿＿＿＿＿＿＿＿＿＿＿＿＿＿＿＿。

4. A　お父さんは何と言っていますか。

   B　父は＿＿＿＿＿＿＿＿＿＿＿＿＿＿＿＿＿＿＿。

❶ 留学したい　　　　　　　　❷ 新しい車がほしい

❸ 日本料理が食べたい　　　　❹ ゆっくり休みたい

語句練習

□ 夏休(なつやす)み 여름휴가, 여름방학	□ 母(はは) 어머니, 엄마
□ 行(い)きたい 가고 싶다	□ 友達(ともだち) 친구
□ ハワイ 하와이	□ 留学(りゅうがく) 유학
□ 晩(ばん)ご飯(はん) 저녁 식사	□ 新(あたら)しい 새롭다
□ 食(た)べたい 먹고 싶다	□ 車(くるま) 자동차
□ 焼(や)き肉(にく) 불고기	□ ほしい 갖고 싶다
□ だれか 누군가, 누구인가	□ 日本料理(にほんりょうり) 일본요리
□ 会(あ)いたい 만나고 싶다	□ ゆっくり 푹, 충분하게
□ 故郷(ふるさと) 고향	□ 休(やす)みたい 쉬고 싶다

1. あなたは何人家族ですか。

2. あなたは誰(だれ)といっしょに住んでいますか。

3. あなたの家族を紹介(しょうかい)してください。

4. 最近は核家族(かくかぞく)が増(ふ)えましたが、核家族と大家族(だいかぞく)について
   どう思いますか。

	나의 가족을 부를 때	내 가족을 남에게 말할 때	남의 가족을 부를 때
할아버지	おじいさん	祖父	おじいさん
할머니	おばあさん	祖母	おばあさん
아버지	お父さん	父	お父さん
어머니	お母さん	母	お母さん
부모님	없음	両親	ご両親
부모의 남자 형제	おじさん	おじ	おじさん
부모의 여자 형제	おばさん	おば	おばさん
오빠, 형	お兄さん	兄	お兄さん
언니·누나	お姉さん	姉	お姉さん
남동생	이름	弟	弟さん
여동생	이름	妹	妹さん
남편	あなた	夫・主人	ご主人
부인·아내	おまえ·이름	家内	奥さん
자식·자녀	이름	子供	お子さん
아들	이름	息子	息子さん
딸	이름	娘	娘さん

一人っ子 외아들, 외동딸　　　　　　　孫 손자

兄弟 형제　　　　　　　　　　　　　姉妹 자매

長男 장남　　　　　　　　　　　　　長女 장녀

次男 차남　　　　　　　　　　　　　次女 차녀

末っ子 막내　　　　　　　　　　　　大家族 대가족

核家族 핵가족

1. 이름, 나이, 사는 곳은?

みなさん、はじめまして。わたくしはキム・ミンスと申します。今年で35歳
になりました。新村に住んでいます。家族は母と妻、男の子一人と女の子一
人の、5人家族です。

2. 취미는?

趣味は旅行です。これまでは主に国内旅行を中心にしましたが、これからは
海外にも出てみようと思っています。

3. 저는 ~회사(학교)에 다니고 있습니다.

◇ 私は出版社に勤めています。
◆ 私は貿易会社に勤めています。
◇ 私はA学校に通っています。

4. 부서(전공)는 ~입니다.

◆ 部署は編集部です。
◇ 部署は営業部です。
◆ 学科は日本語学科です。

5. 어떤 일을 한다.

◇ 企画をして、筆者としての適任者を探し、原稿を依頼し、読みやすく編集することです。

◆ 最上級の品物を選び、海外の必要な顧客を探し、両方とも満足できる価格で取引できるように交渉することです。

◇ まだまだ日本語が下手ですが、日本語を使いこなせるように一生懸命勉強しています。

6. 어릴 때는 어떤 일을 하고 싶었나?

◇ 私は元々教師になりたかったのですが、教師になれなくて、教育と関係
のある語学専門の出版社を選びました。本を通じても間接的な教育活動が
できると判断したからです。

◆ 幼いときは、外交官になり、世界のいろんなところに行ってみたかった
のですが、今の貿易の仕事もそれができるので、満足しています。

◇ 中学のとき、世界のいろいろな国の言葉を学び、世界中を旅行してみた
かったです。

7. 직업인(학생)으로서의 최종 목표는 무엇인가?

◇ いつかは一生記憶に残るような、いい本を企画・編集したいです。さいわい、このころ
は一般の単行本も出版しており、領域がもっと広くなったので、自分の努力によって、
望みの本を作るのにいい条件になれたと思います。

◆ 世界トップの営業マンになるとともに、経営のほうにも関心を持って、
韓国または世界トップのCEOになりたいです。

◇ 日本語を使いこなせるようになることだけでなく、日本という国やその
文化などを理解し、両国に役に立つ人間になりたいです。

8. 앞의 1~7까지를 정리해서 자기만의 소개 샘플을 만들어 보자.

🎧 06-01

🔊 会話

パク	田中さん、日本で人気があるスポーツは何ですか。
田中	日本では、野球やサッカーが人気があります。
パク	相撲はどうですか。
田中	ええ、相撲もやはり野球やサッカーほどではないんですが、人気があるスポーツです。
パク	そうなんですか。田中さんもよく見ますか。
田中	はい、テレビ中継があるときはよく見ます。
パク	ところで、田中さんはよくどんな運動をしますか。
田中	私は水泳が好きで、週に2回ぐらいは泳いでいます。
パク	じゃ、泳ぎの腕前はかなりのものですね。
田中	泳ぐことに関しては少々自信があります。私のあだなも河童なんですよ。
パク	わぁー！ それはすごい。

🔆 内容チェック

1. 日本で人気があるスポーツは何ですか。

2. 田中さんは相撲をよく見ますか。

3. 田中さんは水泳が得意ですか。

語句練習

- □ 野球(やきゅう) 야구
- □ 人気(にんき)がある 인기가 있다
- □ 相撲(すもう) 스모(일본 전통 씨름)
- □ やはり 역시
- □ ~ほどではない ~만큼은 아니다
- □ テレビ中継(ちゅうけい) TV 중계
- □ 運動(うんどう) 운동
- □ 水泳(すいえい) 수영
- □ 好(す)きだ 좋아하다
- □ 週(しゅう) 주

- □ 泳(およ)ぐ 수영하다
- □ 腕前(うでまえ) 실력, 솜씨, 기량
- □ かなりのもの 제법
- □ 関(かん)して 관해서
- □ 少々(しょうしょう) 조금
- □ 自信(じしん)がある 자신이 있다
- □ あだな 별명
- □ 河童(かっぱ) 육지와 수중 양쪽에서 생활이 가능한 상상 속의 동물
- □ 得意(とくい) 잘함, 뛰어남

1 〜ほどではないが、　🎧 06-02

A 相撲も人気がありますか。

B サッカーほどではありませんが、人気があります。

---

1. A 今年の夏も暑いですね。

　 B ええ、＿＿＿＿＿＿＿＿＿＿＿＿＿＿＿＿＿。

2. A 韓国語は難しいですね。

　 B ええ、＿＿＿＿＿＿＿＿＿＿＿＿＿＿＿＿＿。

3. A 今度の先生、少し太っていますね。

　 B ええ、＿＿＿＿＿＿＿＿＿＿＿＿＿＿＿＿＿。

4. A 日本では韓国の映画も人気がありますか。

　 B ええ、＿＿＿＿＿＿＿＿＿＿＿＿＿＿＿＿＿。

---

❶ 去年の夏 / 暑い　　　　❷ 英語 / 難しい

❸ 前の先生 / 太っている　❹ アメリカ映画 / 人気がある

2 **～に関しては** 🎧 06-03

A 水泳、かなりお上手ですね。

B 泳ぐことに関しては自信があります。

---

1. **A** 辛い料理は大丈夫ですか。

    B はい、辛いものを＿＿＿＿＿＿。

2. **A** 彼のことをよく知っていますか。

    B いいえ、＿＿＿＿＿＿＿＿＿。

3. **A** 今度の調査はどうなりましたか。

    B その＿＿＿＿＿＿＿＿＿＿。

4. **A** 料理、お上手ですね。

    B ＿＿＿＿＿＿＿＿＿＿＿＿。

❶ 食べること / 自信がある　　❷ 彼のこと / よく知らない

❸ 調査 / 明日、報告する　　❹ 料理を作ること / 自信がある

語句練習

- 今年(ことし) 올해
- 夏(なつ) 여름
- 暑(あつ)い 덥다
- 去年(きょねん) 작년
- 難(むずか)しい 어렵다
- 今度(こんど) 이번
- 前(まえ)の先生(せんせい) 이전 선생님
- 太(ふと)っている 뚱뚱하다

- 辛(から)い 맵다
- 大丈夫(だいじょうぶ) 괜찮음
- 自信(じしん) 자신
- 知(し)る 알다
- 調査(ちょうさ) 조사
- 報告(ほうこく) 보고
- 上手(じょうず) 잘함
- 作(つく)る 만들다

1. あなたはどんなスポーツが好きですか。
   なぜ、好きですか。なぜ、嫌いですか。

2. 韓国で人気があるスポーツは何ですか。
   なぜ、人気がありますか。

3. やってみたいスポーツがありますか。
   それはどんなスポーツですか。

スキー 스키	スケート 스케이트
ジョギング 조깅	ボーリング 볼링
ゴルフ 골프	スカッシュ 스쿼시
スキューバダイビング 스쿠버 다이빙	スノーボード 스노우보드
テコンドー 태권도	バレーボール 배구
バスケットボール 농구	テニス 테니스
バドミントン 배드민턴	サッカー 축구
カヌー 카누	サーフィン 서핑
ラフティング 래프팅	ハンググライダー 행글라이더
パラグライダー 패러글라이더	スカイダイビング 스카이다이빙
マラソン 마라톤	柔道(じゅうどう) 유도
卓球(たっきゅう) 탁구	剣道(けんどう) 검도
水泳(すいえい) 수영	乗馬(じょうば) 승마
運動会(うんどうかい) 운동회	試合(しあい) 시합
競技会(きょうぎかい) 경기대회	体育館(たいいくかん) 체육관
スポーツジム 체육관	運動場(うんどうじょう) 운동장
ダイエット 다이어트	健康(けんこう) 건강
運動不足(うんどうぶそく) 운동 부족	気分転換(きぶんてんかん) 기분 전환
走(はし)る 달리다	投(な)げる 던지다
打(う)つ 치다	滑(すべ)る 미끄러지다
蹴(け)る 차다	跳(と)ぶ 뛰다
時間(じかん)がない 시간이 없다	お金(かね)がかかる 돈이 들다

🔊 会話

🎧 07-01

田中　パクさんは映画(えいが)が好(す)きですか。

パク　はい、好きで、よく見に行きます。

田中　どんな映画が好きですか。

パク　アクション映画やホラー、アニメなどジャンルに関係(かんけい)なく見ますが、アクション映画ほど面白(おもしろ)いものはないと思います。

田中　そうですか。では、パクさんが今(いま)まで見た日本映画の中(なか)で、一番印象(いちばんいんしょう)に残(のこ)っている映画は何ですか。

パク　北野監督(きたのかんとく)によって撮(と)られた「ハナビ」という映画です。ラストシーンが感動的(かんどうてき)でした。

田中　ベネチア映画祭(えいがさい)でグランプリをとった映画でしたね。私も見ましたが、本当(ほんとう)に感動しました。

1. パクさんが、番好きな映画はどんな映画ですか。

2. パクさんが見た日本映画の中で一番印象に残っている映画は何ですか。

3. どうしてパクさんはその映画が印象に残っていますか。

語句練習

□映画(えいが) 영화

□好(す)きだ 좋아하다

□アクション映画(えいが) 액션 영화

□ホラー 호러(공포 영화)

□アニメ 애니메이션

□ジャンル 장르

□関係(かんけい) 관계

□～ほど～はない ～만큼 ～은 없다

□面白(おもしろ)い 재미있다

□今(いま)まで 지금까지

□～の中(なか)で ～중에서

□一番(いちばん) 제일

□印象(いんしょう) 인상

□残(のこ)っている 남아 있다

□北野監督(きたのかんとく) 기타노 감독

□～によって ～에 의해

□撮(と)られた 촬영되었다, 촬영된

□～という ～라는

□ラストシーン 마지막 장면

□感動的(かんどうてき) 감동적

□ベネチア映画祭(えいがさい) 베네치아 영화제

□グランプリをとる 그랑프리를 타다

□本当(ほんとう)に 정말로

1 〜ほど 〜はない 🎧 07-02

A アクション映画が好きですか。

B はい、アクション映画ほど面白いものはないと思います。

---

1. A 毎日、ジョギングをしているんですか。

B はい、＿＿＿＿＿＿＿＿＿＿＿。

2. A 明日は試験があるそうですよ。

B そうですか。＿＿＿＿＿＿＿。

3. A 犬は本当にりこうですね。

B ええ、＿＿＿＿＿＿＿＿＿＿。

4. A インターネットは便利ですね。

B そうですね。＿＿＿＿＿＿＿。

❶ ジョギング / 健康にいいスポーツ

❷ 試験 / 嫌なもの

❸ 犬 / りこうな動物

❹ インターネット / 便利なもの

2 〜の中で 〜が 一番 〜 🎧 07-03

A どんな日本映画が印象に残っていますか。

B 日本映画の中で、ハナビという映画が一番印象に残っています。

---

1. A 高校時代、誰と親しかったですか。

B ＿＿＿＿＿＿＿＿＿＿＿＿。

2. A 兄弟で、誰が背が高いですか。

B ＿＿＿＿＿＿＿＿＿＿＿＿。

3. A どんな外国語が勉強しやすいですか。

B ＿＿＿＿＿＿＿＿＿＿＿＿。

4. A 韓国料理は好きですか。

B ＿＿＿＿＿＿＿＿＿＿＿＿。

❶ 高校時代の友達 /佐藤さん / 親しかった

❷ 兄弟 / 私 / 背が高い

❸ 外国語 / 日本語 / 勉強しやすい

❹ 韓国料理 / キムチチゲ / 好きた

❸ 〜によって〜られる

07-04

A 誰が撮った映画ですか。

B 北野監督によって撮られた映画です。

---

1. A この絵はだれが描いた絵ですか。

    B この絵は＿＿＿＿＿＿＿＿＿＿＿＿＿＿＿＿＿＿＿＿＿＿。

2. A この建物はだれが建てたんですか。

    B この建物は＿＿＿＿＿＿＿＿＿＿＿＿＿＿＿＿＿＿＿＿＿。

3. A この服はだれがデザインしたんですか。

    B この服は＿＿＿＿＿＿＿＿＿＿＿＿＿＿＿＿＿＿＿＿＿＿。

4. A キリスト教はどんな人が伝えた宗教ですか。

    B キリスト教は＿＿＿＿＿＿＿＿＿＿＿＿＿＿＿＿＿＿＿＿。

❶ ピカソ / 描く   ❷ ガウディ / 建てる

❸ アンドレ・キム/デザインする   ❹ 宣教師/伝える

語句練習

- □ ジョギング 조깅
- □ 健康(けんこう) 건강
- □ 嫌(いや) 싫음
- □ りこう 영리함
- □ 便利(べんり) 편리
- □ 背(せ)が高(たか)い 키가 크다
- □ 〜しやすい 〜하기 쉽다

- □ 宗教(しゅうきょう) 종교
- □ 描(か)く (그림을) 그리다
- □ 建(た)てる (건물을) 짓다, 세우다
- □ 宣教師(せんきょうし) 선교사
- □ 伝(つた)える 전달하다
- □ 親(した)しい 친하다

1. あなたは、どんな映画が好きですか。

2. あなたは映画をみるとき、誰といっしょに見ますか。

3. 今まで見た映画の中で、印象に残っている映画がありますか。
   それはどんな映画ですか。

4. あなたの好きな俳優は誰ですか。

洋画 외국 영화

邦画 국내 영화

上映 상영

封切り 개봉

字幕 자막

SF(エスエフ) 공상과학영화

オカルト映画 오컬트영화

喜劇 희극

ラブストーリー 러브 스토리

アクション映画 액션 영화

推理もの 추리물

リバイバル 리바이벌

前売り 예매

感激する 감격하다

ラ・ラ・ランド 라라랜드

君の名は 너의 이름은

アナと雪の女王 겨울왕국

キングスマン 킹스맨

スターウォーズ 스타워즈

新感染 ファイナル エクスプレス 부산행

アベンジャーズ 어벤져스

ミニオンズ 미니언즈

コクソン 곡성

弁護人 변호인

トム・ハンクス 톰 행크스

コリン・ファース 콜린 퍼스

キアヌ・リーブス 키아누 리브스

ブラッド・ピット 브래드 피트

エマ・ストーン 엠마 스톤

エマ・ワトソン 엠마 왓슨

スカーレット・ヨハンソン 스칼렛 요한슨

アン・ハサウェイ 앤 해서웨이

▶ 08 音楽

🔊 **会話**　　　　　　　　　　　　　　　　　　　🎧 08-01

パク	田中さん、日本の若い人はどんな音楽が好きですか。
田中	そうですねえ。アメリカやヨーロッパのヒットチャートに入っている曲とか日本のポピュラー音楽とかが好きみたいですよ。
パク	じゃ、そのような音楽はカラオケでもよく歌うんですか。
田中	はい、日本ではカラオケが隅々まで普及していますから、家族や友達といっしょに楽しんでいます。
パク	そうですか。
田中	韓国でも日本同様、カラオケが人気だと聞いていますが…。
パク	ええ、そうなんです。韓国でも日本のように、いたるところにカラオケ・ボックスがありますから、みんなで楽しんでいます。
田中	では、私たちも今晩みんなを呼んで、のど自慢でも開きましょうか。
パク	いいですね。さっそく連絡してみましょう。

1. 日本の若い人はどんな音楽が好きですか。

2. 日本ではカラオケをどんな人たちが楽しんでいますか。

3. 二人は今晩友達を呼んで何をしますか。

語句練習

- 若(わか)い人(ひと) 젊은이
- 音楽(おんがく) 음악
- ヨーロッパ 유럽
- ヒットチャート 히트 차트
- 入(はい)っている 들어 있다
- ～とか～とか ～이나 ～이나
- ～みたいだ ～인 것 같다
- そのような 그와 같은, 그런
- カラオケ 노래방
- 歌(うた)う 노래하다
- 隅々(すみずみ) 구석구석
- 普及(ふきゅう) 보급

- いっしょに 함께
- 楽(たの)しむ 즐기다
- ～同様(どうよう) ～같이, ～처럼
- いたるところに 도처에
- 今晩(こんばん) 오늘 밤
- みんな 모두
- 呼(よ)んで 불러
- のど自慢(じまん) 노래자랑
- 開(ひら)きましょうか 열까요?
- さっそく 즉시
- 連絡(れんらく) 연락

文型練習

1 ～とか～とか

08-02

A どんな音楽が好きですか。

B ヒット曲とか日本のポピュラー音楽とかが好きです。

1. A お土産は何がいいですか。

  B _____。

2. A 酒の肴は何がいいですか。

  B _____。

3. A ダイエットするにはどうしたらいいですか。

  B _____。

4. A 毎日食べるものには何がいいですか。

  B _____。

❶ キムチ / 高麗人参

❷ 新鮮なさしみ / 焼魚

❸ 食事制限 / 運動

❹ 自然食 / 伝統食

2 ～みたいだ

08-03

A 彼はどんな音楽が好きなんですか。

B ポピュラー音楽が好きみたいですよ。

1. A 彼はどんな料理が好きなんですか。

  B _____。

2. A 彼女はどうしたんですか。

  B _____。

3. A 田中さんはもう帰りましたか。

  B _____。

4. A 彼女は結婚しているんですか。

  B _____。

❶ 辛い料理が好きだ

❷ かぜをひいた

❸ もう帰った

❹ 結婚している

③ 〜てみる 08-04

A みんなに連絡してくれますか。

B はい、さっそく連絡してみましょう。

---

1. A これ、日本で人気がある歌手のCDなんですが…。

   B そうですか。さっそく＿＿＿＿＿＿＿＿＿＿＿＿＿＿＿。

2. A あそこに新しいレストランができました。

   B では、さっそく＿＿＿＿＿＿＿＿＿＿＿＿＿＿＿。

3. A これ、今月の新刊ですよ。

   B 面白そうですね。さっそく＿＿＿＿＿＿＿＿＿＿＿＿＿。

4. A これは、今月新発売になった焼酎です。

   B そうですか。じゃ、さっそく.＿＿＿＿＿＿＿＿＿＿＿＿＿。

❶ 聴く   ❷ 行く   ❸ 読む   ❹ 飲む

語句練習

□ お土産(みやげ) 여행 선물(지역 특산품)

□ 肴(さかな) 안주

□ さしみ 생선회

□ 高麗人参(こうらいにんじん) 고려인삼

□ 新鮮(しんせん)な 신선한

□ 焼魚(やきざかな) 구운 생선

□ 食事制限(しょくじせいげん) 식사 제한

□ 運動(うんどう) 운동

□ 自然食(しぜんしょく) 자연식

□ 伝統食(でんとうしょく) 전통식

□ 毎日(まいにち) 매일

□ かぜをひく 감기 들다

□ もう 이미, 벌써

□ 帰(かえ)る 돌아가다, 돌아오다

□ できる 생기다

□ 新刊(しんかん) 신간

□ 面白(おもしろ)そうだ 재미있을 것 같다

□ 新発売(しんはつばい) 처음으로 팔기 시작함

□ 焼酎(しょうちゅう) 소주

□ 聴(き)く (주의 깊게) 듣다

1. あなたは歌を歌ったり、聴いたりするのが好きですか。

2. あなたは、どんな音楽が好きですか。

3. コンサートとか音楽会に行ったことがありますか。
   どうでしたか。

4. あなたは、演奏ができますか。それはどんな楽器ですか。

クラシック 클래식	ロック 록(rock)
ヒップポップス 힙합	ユーロビート 유로 비트
ニューテクノ 뉴 테크노	フォークソング 포크송
ミュージカル 뮤지컬	オーケストラ 오케스트라
演歌 엔카(일본적인 애수를 띤 가요곡)	歌曲 가곡
歌謡曲 가요곡	歌詞 가사
曲 곡	メロディー 멜로디
バイオリン 바이올린	ビオラ 비올라
チェロ 첼로	ピアノ 피아노
フルート 플루트	オーボエ 오보에
クラリネット 클라리넷	サクソフォーン 색소폰
シンバル 심벌즈	タンバリン 탬버린
ドラム 드럼	チューバ 튜바
ハーモニカ 하모니카	ホルン 호른
ギター 기타	トライアングル 트라이앵글
トランペット 트럼펫	トロンボーン 트롬본

▶ 09 旅行

🎵 会話　　　　　　　　　　　　　　　　　　　　　🎧 09-01

キム	山田さん、旅行に出かけるんですって。
山田	ええ、来週、夏休みを利用して行ってきます。
キム	で、どこへ行くんですか。
山田	江原道です。二泊三日でソラクサンとソクチョに行こうと思っています。
キム	わぁー、山も海もですか。一石二鳥ですね。
山田	いいでしょう。ソラクサンでは登山もするつもりです。
キム	でも、山田さんは登山したことがあるんですか。
山田	したことないんですが、友達の話によると、一緒に行くリーさんが登山には慣れているそうなので、安心しています。
キム	そうですか。じゃ、登山用品も準備しましたか。
山田	はい、先日、デパートがセールしたとき、買っておいたんです。
キム	準備万端ですね。

🔆 内容チェック

1. 山田さんはどんな休みを利用して旅行に行きますか。

2. 山田さんはソラクサンでは何をするつもりですか。

3. 山田さんは登山用品をこれから買いますか。

語句練習

- □ 出(で)かける 외출하다
- □ ～んですって ～라면서요
- □ 夏休(なつやす)み 여름휴가, 여름방학
- □ 利用(りよう)する 이용하다
- □ で 그래서
- □ 二泊三日(にはくみっか) 2박 3일
- □ 一石二鳥(いっせきにちょう) 일석이조
- □ 登山(とざん) 등산
- □ つもり 계획, 예정
- □ ～たことがある ～한 적이 있다
- □ ～たことがない ～한 적이 없다

- □ 話(はなし)によると 이야기에 따르면
- □ 一緒(いっしょ)に 함께
- □ 慣(な)れている 익숙하다, 능통하다
- □ 安心(あんしん) 안심
- □ 登山用品(とざんようひん) 등산용품
- □ 準備(じゅんび) 준비
- □ ～なくちゃいけない ～지 않으면 안 된다
- □ 先日(せんじつ) 일전에
- □ セール 세일
- □ ～ておいた ～해 두었다
- □ 準備万端(じゅんびばんたん) 만반의 준비

文型練習

1 ～んですって 09-02

A 山田さん、旅行に行くんですって。

B ええ、来週行ってきます。

---

1. A 来週＿＿＿＿＿＿＿＿＿＿＿＿＿＿＿＿＿＿＿＿。

   B うん、ぼくも聞いたよ。

2. A あの店の＿＿＿＿＿＿＿＿＿＿＿＿＿＿＿＿＿＿＿。

   B ぼくも一度食べたことがあるけど、おいしかったよ。

3. A 来週から＿＿＿＿＿＿＿＿＿＿＿＿＿＿＿＿＿＿＿。

   B ええ、私も天気予報で聞いたわ。

❶ テストがある   ❷ 料理はおいしい   ❸ 梅雨に入る

2 ～によると～そうです 09-03

A 山田さんは登山に慣れているんですか。

B 友達の話によるとリーさんは登山に慣れているそうです。

---

1. A あの人は誰ですか。

   B あの人は＿＿＿＿＿＿＿＿＿＿＿＿＿＿＿＿＿。

2. A 部長はいつ引っ越しなさるんですか。

   B ＿＿＿＿＿＿＿＿＿＿＿＿＿＿＿＿＿＿＿＿＿。

3. A キムさんは、学校を卒業したら、プロ選手になるんですか。

   B ＿＿＿＿＿＿＿＿＿＿＿＿＿＿＿＿＿＿＿＿＿。

❶ 先生の話 / 交換留学生だ   ❷ 山田さんの話 / 日曜日にする

❸ キムさんの話 / プロにはならない

③ ～ておく(～とく) 🎧 09-04

A 登山用品も準備しましたか。

B はい、セールのとき買っておきました。

---

1. A どんなお酒を用意すればいいですか。

　　B _____ てください。

2. A 来月、海外旅行をするんです。

　　B じゃ、その国の_____といいですよ。

3. A 台風が来るそうです。

　　B では、_____ましょう。

4. A 今年の10月に結婚するんです。

　　B じゃ、_____ましょう。

❶ ビールを用意する　　❷ あいさつを覚える

❸ 食べ物と飲み物を買う　　❹ 予定に入れる

語句練習

- 店(みせ) 가게
- 梅雨(つゆ) 장마
- 梅雨に入(はい)る 장마에 들다
- 天気予報(てんきよほう) 일기예보
- 交換留学生(こうかんりゅうがくせい) 교환유학생
- 引(ひ)っ越(こ)し 이사

- 用意(よい) 준비
- ビール 맥주
- 海外旅行(かいがいりょこう) 해외여행
- 覚(おぼ)える 외우다
- 台風(たいふう) 태풍
- 予定(よてい)に入(い)れる 예정에 넣다

1. あなたはよく旅行しますか。

2. あなたは、今までにどんなところを旅行しましたか。
誰と一緒に行きましたか。

3. 旅行に行ってどんなお土産を買いましたか。

4. 10日間旅行をするとしたら、どこへどんな旅行がしたいですか。
<ruby>10日<rt>とおか</rt></ruby><ruby>間<rt>かん</rt></ruby>

こくないりょこう 国内旅行 국내여행	かいがいりょこう 海外旅行 해외여행
せかいりょこう 世界旅行 세계여행	うちゅうりょこう 宇宙旅行 우주여행
りょこう ヒッチハイク旅行 히치하이킹 여행	りょこう ツアー旅行 투어여행
りょこう バックパック旅行 배낭여행	キャンプ 캠핑
けいかく 計画 계획	にってい 日程 일정
うみ 海 바다	かいがん 海岸 해안
やま 山 산	けいこく 渓谷 계곡
ひしょち 避暑地 피서지	こうげん 高原 고원
ハワイ 하와이	ワイキキビーチ 와이키키해변
ちゅうごく 中国 중국	ばんり ちょうじょう 万里の長城 만리장성
ホンコン 香港 홍콩	やけい 夜景 야경
おきなわ 沖縄 오키나와	ほっかいどう 北海道 홋카이도
おんせん 温泉 온천	フランスのパリ 프랑스 파리
とう エッフェル塔 에펠탑	ローマ 로마
こうげいひん 工芸品 공예품	くだもの 果物 과일
にんぎょう 人形 인형	アクセサリー 액세서리

会話

🎧 10-01

キム	文子さん、最近はテレビの料理番組が増えましたね。
文子	ええ、私もよく見るんですが、おかずの作り方を教えてくれる番組もあれば、世界の珍しい料理を紹介する番組もありますね。
キム	中には見ているだけでよだれが出そうな料理もありますよ。
文子	まあ、キムさんったら。でもキムさんの言うとおり、本当においしそうですよね。
キム	文子さんもテレビで見た料理を作ってみることがありますか。
文子	はい、録画しといてときどき後で作ってみます。
キム	上手にできますか。
文子	本当においしいかどうかわかりませんが、主人はおいしいと言って食べてくれます。
キム	やさしいご主人ですね。

💡 内容チェック

1. 最近どんな料理番組が増えましたか。

2. 料理番組の料理はおいしそうですか。

3. 文子さんが料理番組を見て作った料理はおいしいですか。

語句練習

- 番組(ばんぐみ) 프로그램
- 増(ふ)える 증가하다, 늘다
- おかず 반찬
- 作(つく)り方(かた) 만드는 법
- ～もあれば～もある ～이 있다면 ～도 있다
- 世界(せかい) 세계
- 珍(めずら)しい 진귀하다
- 紹介(しょうかい) 소개
- 中(なか)には 개중에는
- よだれが出(で)る 군침이 나오다
- まあ 어머!

- ～ったら ～도 참
- 言(い)うとおり 말한 대로
- 本当(ほんとう)に 정말로
- ～てみることがある ～해 보는 일이 있다
- 録画(ろくが) 녹화
- ～しとく(しておく) ～해 두다
- ときどき 때때로
- 後(あと)で 후에, 나중에
- ～かどうかわからない ～인지 어떤지 모르다
- 食(た)べてくれる 먹어 주다
- やさしい 다정하다, 온화하다

1 ～もあれば～もある

A どんな料理番組がありますか。

B おかずの作り方を教える番組もあれば世界の珍しい料理を

紹介する番組もあります。

---

1. A この店には、どんな料理がありますか。

   B ＿＿＿＿＿＿＿＿＿＿＿＿＿＿＿＿＿＿＿＿＿。

2. A 毎朝、早起きしてますか。

   B ＿＿＿＿＿＿＿＿＿＿＿＿＿＿＿＿＿＿＿＿＿。

3. A 株はもうかりますか。

   B ＿＿＿＿＿＿＿＿＿＿＿＿＿＿＿＿＿＿＿＿＿。

4. A お仕事のほうはうまくいっていますか。

   B ＿＿＿＿＿＿＿＿＿＿＿＿＿＿＿＿＿＿＿＿＿。

❶ 魚料理 / 肉料理

❷ 早く起きるとき / 遅く起きるとき

❸ もうかるとき / 損するとき

❹ うまくいくとき / うまくいかないとき

② ～かどうかわからない

A おいしくできますか。

B 本当においしいかどうかわかりません。

---

1. A 彼、今日は出席しますか。

　B さあ、＿＿＿＿＿＿＿＿＿＿＿＿＿＿＿＿＿。

2. A 今晩は雨が降るんですか。

　B さあ、＿＿＿＿＿＿＿＿＿＿＿＿＿＿＿＿＿。

3. A あの新しくできたレストラン、おいしいですか。

　B さあ、＿＿＿＿＿＿＿＿＿＿＿＿＿＿＿＿＿。

4. A 彼女、恋人がいますか。

　B さあ、＿＿＿＿＿＿＿＿＿＿＿＿＿＿＿＿＿。

❶ 出席する　　　❷ 降る　　　❸ おいしい　　　❹ いる

語句練習

- 毎朝(まいあさ) 매일 아침
- 早起(はやお)き 일찍 일어남
- 株(かぶ) 주, 주식
- もうかる 벌다, 이익을 남기다
- お仕事(しごと) 하시는 일
- 魚料理(さかなりょうり) 생선 요리
- 肉料理(にくりょうり) 고기 요리
- 遅(おそ)く 늦게

- 損(そん)する 손해보다
- うまくいく 잘되다
- うまくいかない 잘 안되다
- 出席(しゅっせき) 출석
- 雨(あめ)が降(ふ)る 비가 내리다
- 新(あたら)しく 새롭게
- 恋人(こいびと) 연인, 애인

1. あなたはどんな料理が好きですか。どうしてその料理が好きですか。

2. あなたは嫌いな食べ物がありますか。それは何ですか。

3. 韓国の奥さんたちがよく作る料理のベスト3は何ですか。

4. あなたは料理が作れますか。どんな料理が作れますか。

辛い 맵다

甘い 달다

すっぱい 시다

苦い 쓰다

しょっぱい 짜다

味が濃い 맛이 진하다

味がうすい 맛이 싱겁다

香ばしい 구수하다, 향기롭다

まろやかだ 순하다

焼く 굽다

蒸す 찌다

煮る 삶다

揚げる 튀기다

ゆでる 데치다

ご飯を炊く 밥을 짓다

和食 일본 전통음식

うどん 우동

そば 소바, 메밀국수

てんぷら 튀김, 덴푸라

とんかつ 돈가스

どんぶり 덮밥

すし 초밥, 스시

焼き魚 구운 생선

すき焼き 전골, 스키야키

しゃぶしゃぶ 샤부샤부

おにぎり 주먹밥, 오니기리

お好み焼き 오코노미야키

さしみ (생선)회, 사시미

鍋料理 냄비 요리

洋食 양식

スープ 수프

サラダ 샐러드

ソース 소스

パン 빵

トースト 토스트

ステーキ 스테이크

スパゲッティ 스파게티

オムレツ 오믈렛

ナイフ 나이프

フォーク 포크

スプーン 스푼

ストロー 빨대

ワイン 와인

コーヒー 커피

✏️ 좋아하는 것 말하기 모델 만들기

1. 좋아하는 것은?

> ◇ 私はスポーツが好きです。
>
> ◆ 私は映画が好きです。
>
> ◇ 私は音楽が好きです。

2. 그중에서도 제일 좋아하는 것은?

> ◇ スポーツの中でもサッカーがいちばん好きです。
>
> ◆ 映画の中でもホラー映画がいちばん好きです。
>
> ◇ 音楽の中でもクラシックがいちばん好きです。

3. 왜 좋아하는가?

> ◇ サッカーはダイナミックで、団体でやるスポーツなので、協調の精神も
> やしなえるのです。それに見ているだけでもとても面白いです。
>
> ◆ ホラー映画が好きなのは日常生活の中ではなかなか経験できない世界と
> 出会えるし、緊張感あふれる感じがとてもいいからです。
>
> ◇ 普通は歌謡曲を聴くほうなんですけど、クラシックは心を癒してくれる
> ような感じがあって、時々聴いています。

4. 주로 언제?

◇ サッカーは日曜日の朝早くから11時ごろまで、やっています。

◆ 映画はふつう金曜の夜、見ます。土日が休みなので、仕事で疲れていて
　も、いちばん余裕があるからです。

◇ クラシックは苦しいときやなんとなく悲しいとき、または気楽に休みた
　いときなど、週に2、3回聴いています。

5. 누구와 어디에서?

◇ サッカー・クラブがあって、50人ぐらいいます。グランドは高校の運動
　場を借りて使っています。社会体育ということで、日曜でも開放してくれ
　るのです。

◆ 映画は友達と映画館で見ます。但し、とても忙しくて、見たい映画を見
　られなかったときは、DVDをかりて見るようにしています

◇ クラシックはふつう家で一人で聴くのですが、友達のなかにクラシック
　が好きな友達がいて、ときには一緒に聴くこともあります。

6. 다른 좋아하는 것은?

◇ サッカーのほかにはインライン・スケートが好きです。

◆ 映画のほかには旅行が好きです。

◇ クラシックのほかに、好きなものは特にありません。

7. 이유는?

◇ インライン・スケートは運動にもなるし、スリルがあっていいですね。

◆ ときには映画に出ていた場所まで行ってみたりもします。

◇ ほかのものには、あまり気が向かないのです。

8. 앞의 1~7까지를 정리해서 좋아하는 것 말하기 샘플을 만들어 보자.

🔊 会話   🎧 11-01

田中　パクさんは、いつから日本語の勉強を始<ruby>始<rt>はじ</rt></ruby>めたんですか。

パク　高校3年生のときです。友達から日本のアニメを借<ruby>借<rt>か</rt></ruby>りて見たのがきっかけです。

田中　では、どのように勉強したんですか。

パク　<ruby>最初<rt>さいしょ</rt></ruby>は、<ruby>教材<rt>きょうざい</rt></ruby>を見ながら<ruby>独学<rt>どくがく</rt></ruby>で勉強しました。そして<ruby>高校<rt>こうこう</rt></ruby><ruby>卒業後<rt>そつぎょうご</rt></ruby>は、<ruby>市内<rt>しない</rt></ruby>にある日本語学校に<ruby>通<rt>かよ</rt></ruby>いました。

田中　<ruby>本格的<rt>ほんかくてき</rt></ruby>に<ruby>習<rt>なら</rt></ruby>い<ruby>始<rt>はじ</rt></ruby>めてどうでしたか。

パク　<ruby>初<rt>はじ</rt></ruby>めは、韓国語と<ruby>語順<rt>ごじゅん</rt></ruby>も<ruby>同<rt>おな</rt></ruby>じだし、文法もよく<ruby>似<rt>に</rt></ruby>ているのでやさしいと<ruby>思<rt>おも</rt></ruby>ったんですが、すればするほど難しくなって<ruby>大変<rt>たいへん</rt></ruby>でした。

田中　そうでしたか。日本語はカタカナの<ruby>言葉<rt>こと ば</rt></ruby>も多いし、<ruby>漢字<rt>かん じ</rt></ruby>の<ruby>読<rt>よ</rt></ruby>み<ruby>方<rt>かた</rt></ruby>も<ruby>多様<rt>た よう</rt></ruby>なので、大変かも知れませんね。

1. パクさんはいつから日本語の勉強を始めたんですか。

2. どうして日本語の勉強を始めましたか。

3. なぜ日本語の勉強はすればするほど難しくなりますか。

語句練習

- いつから 언제부터
- 始(はじ)める 시작하다
- アニメ 애니메이션, 만화영화
- 借(か)りる 빌리다
- きっかけ 계기
- どのように 어떻게
- 最初(さいしょ) 처음, 최초
- 教材(きょうざい) 교재
- 見(み)ながら 보면서
- 独学(どくがく)で 독학으로
- 卒業後(そつぎょうご) 졸업 후
- 通(かよ)う 다니다
- 本格的(ほんかくてき) 본격적

- 習(なら)い始(はじ)めて 배우기 시작해서
- 語順(ごじゅん) 어순
- 同(おな)じだし 같고
- よく似(に)ている 아주 비슷하다
- やさしい 쉽다
- 思(おも)った 생각했다
- すればするほど 하면 할수록
- 難(むずか)しくなる 어려워지다
- 大変(たいへん) 힘듦
- 言葉(ことば) 말
- 漢字(かんじ) 한자
- 読(よ)み方(かた) 읽는 법
- 多様(たよう) 다양

1 〜ながら 🎧 11-02

A どのように勉強しましたか。

B 教材を見ながら勉強しました。

---

1. A どのように勉強したんですか。

B _____。

2. A 午前中、何をしましたか。

B _____。

3. A 午後は何をしましたか。

B _____。

4. A 友達と何をしましたか。

B _____。

❶ インターネットサイトを見る / 勉強する

❷ 音楽を聴く / 掃除をする

❸ 鼻歌を歌う / 料理を作る

❹ コーヒーを飲む / おしゃべりをする

② 初めは〜が、だんだん〜なる

A 日本語はどうですか。

B 初めはやさしかったんですが、だんだん**難**しくなりました。

---

1. A 大学生活はどうですか。

　　B ＿＿＿＿＿＿＿＿＿＿＿＿＿＿＿＿＿＿＿＿。

2. A 今度、引っ越した町はどうですか。

　　B ＿＿＿＿＿＿＿＿＿＿＿＿＿＿＿＿＿。

3. A 今度、買った道具はどうですか。

　　B ＿＿＿＿＿＿＿＿＿＿＿＿＿＿＿＿＿＿。

4. A 新しい事務員はどうですか。

　　B ＿＿＿＿＿＿＿＿＿＿＿＿＿＿＿＿＿＿＿。

❶ 楽しかった / つまらない　❷ 住みにくい / 住みやすい

❸ 便利だと思った / 不便だ　❹ いっしょうけんめいにする / なまけるようになる

語句練習

- インターネットサイト 인터넷 사이트
- 午前中(ごぜんちゅう) 오전 중
- 音楽(おんがく)を聴(き)く 음악을 듣다
- 掃除(そうじ)をする 청소를 하다
- 鼻歌(はなうた) 콧노래
- 作(つく)る 만들다
- おしゃべり 수다
- 道具(どうぐ) 도구
- 事務員(じむいん) 사무원
- 楽(たの)しい 즐겁다
- つまらない 재미없다
- 引(ひ)っ越(こ)す 이사하다
- 住(す)みやすい 살기 편하다
- 住(す)みにくい 살기 불편하다
- 便利(べんり)だ 편리하다
- 不便(ふべん)だ 불편하다
- なまける 게으름피우다

1. みなさんは、なぜ日本語の勉強を始めましたか。
   それはいつですか。

2. 日本語の勉強で大変なことは何ですか。

3. 日本語を勉強して、日本のどんなことを知りましたか。

しょうがっこう
小学校 초등학교

ちゅうがく
中学 중학교

こうこう
高校 고등학교

だいがく
大学 대학교

もくてき
目的 목적

せんこう
専攻する 전공하다

しゅうしょく
就職する 취직하다

せんこう　い
専攻を生かす 전공을 살리다

つうやく
通訳 통역

ほんやく
翻訳 번역

しんがく
進学 진학

ぼうえき
貿易 무역

おんよ
音読み 음독

くんよ
訓読み 훈독

めいし
名詞 명사

かんじ
漢字 한자

けいようし
形容詞 형용사

けいようどうし
形容動詞 형용동사

かつよう
活用 활용

へんか
変化 변화

ふくし
副詞 부사

じょし
助詞 조사

じょどうし
助動詞 조동사

がいらいご
外来語 외래어

おぼ
覚えにくい 외우기 어렵다

おもしろい 재미있다

ぶんか
文化 문화

けいざい
経済 경제

じじょう
事情 사정

せいじ
政治 정치

しゃかい
社会 사회

こくみんせい
国民性 국민성

でんとう
伝統 전통

じしん
地震 지진

会話　🎧 12-01

パク	佐藤さんの誕生日はいつですか。
佐藤	私の誕生日は、4月20日です。今年38歳になりました。
パク	今年の誕生日はどうでしたか。
佐藤	家族や友達が祝ってくれました。
パク	じゃ、プレゼントももらったんですか。
佐藤	はい、花束やネクタイをもらいました。
パク	わぁ、うらやましいですねえ。
佐藤	それに、カメラマンの友達がパーティーの時、すてきな写真をたくさん撮ってくれました。
パク	それはいい思い出になりましたね。

1. 佐藤さんは今年何歳になりましたか。

2. 佐藤さんの誕生日に、だれが祝ってくれましたか。

3. 佐藤さんの誕生日に、カメラマンの友達は何をしてくれましたか。

語句練習

- 誕生日(たんじょうび) 생일
- いつ 언제
- 今年(ことし) 금년, 올해
- 〜になる 〜이(가) 되다
- 祝(いわ)う 축하하다
- 〜てくれる 〜해 주다
- プレゼント 선물
- もらう 받다
- 花束(はなたば) 꽃다발

- ネクタイ 넥타이
- うらやましい 부럽다
- それに 게다가
- カメラマン 카메라맨
- パーティー 파티
- すてきな写真(しゃしん) 멋진 사진
- たくさん 많이
- 撮(と)る (사진을) 찍다
- いい思(おも)い出(で) 좋은 추억

1 ～になる 🎧 12-02

A 佐藤さんはおいくつですか。

B 今年38歳になりました。

---

1. A 工事が終わりましたね。

    B ええ、工事が終わって辺りが＿＿＿＿＿＿＿＿＿＿＿＿。

2. A この町にも地下鉄ができたんですね。

    B ええ、地下鉄ができて＿＿＿＿＿＿＿＿＿＿＿＿＿。

3. A あの歌手の歌、とてもヒットしましたね。

    B だから彼女は＿＿＿＿＿＿＿＿＿＿＿＿＿＿＿。

4. A 毎朝、ジョギングをしているんですか。

    B はい、おかげで＿＿＿＿＿＿＿＿＿＿＿＿＿＿。

❶ 静かだ   ❷ 便利だ   ❸ 有名だ   ❹ 元気だ

2 ～に～をもらう 🎧 12-03

A どんなプレゼントをもらったんですか。

B ＿＿＿＿＿＿に＿＿＿＿＿＿をもらいました。

---

❶ 恋人 / ピアス   ❷ 同僚 / 時計

❸ 後輩 / セーター   ❹ 友達 / 本

③ ～てくれる

A 誕生日はどうでしたか。

B みんなが祝ってくれました。

---

1. A 一人で日本語の手紙を書いたんですか。

   B いいえ、田中さんが＿＿＿＿＿＿＿＿＿＿＿＿＿＿。

2. A この料理、キムさんが作ったんですか。

   B いいえ、田中さんが＿＿＿＿＿＿＿＿＿＿＿＿＿。

3. A このテープ、誰が録音しましたか。

   B 田中さんが＿＿＿＿＿＿＿＿＿＿＿＿＿＿＿＿＿。

4. A キムさん、この漢字よくわかりましたね。

   B 実は、田中さんが＿＿＿＿＿＿＿＿＿＿＿＿＿＿。

❶ 書く   ❷ 作る   ❸ 録音する   ❹ 教える

語句練習

□ 工事(こうじ) 공사　　　　　　　□ 恋人(こいびと) 연인, 애인

□ 終(お)わる 끝나다　　　　　　　□ ピアス 피어스

□ 辺(あた)り 주변　　　　　　　　□ 同僚(どうりょう) 동료

□ 地下鉄(ちかてつ) 지하철　　　　□ 後輩(こうはい) 후배

□ 歌手(かしゅ) 가수　　　　　　　□ 手紙(てがみ) 편지

□ 静(しず)か 조용함　　　　　　　□ 作(つく)る 만들다

□ おかげで 덕분에　　　　　　　　□ 録音(ろくおん) 녹음

□ 贈(おく)り物(もの) 선물　　　　□ 漢字(かんじ) 한자

1. あなたの誕生日はいつですか。それは陽暦ですか、陰暦ですか。
   <ruby>陽暦<rt>ようれき</rt></ruby> <ruby>陰暦<rt>いんれき</rt></ruby>

2. 誕生日にどんなプレゼントをもらいましたか。

3. あなたは、誕生日に何を食べますか。

4. 今度の誕生日にもらいたいものがありますか。それは何ですか。

陰暦 음력

陽暦 양력

お祝い 축하 또는 축하 선물

プレゼント 선물

もらう 받다

やる 주다

くれる (남이 나에게) 주다

くださる (나에게) 주시다

あげる (남에게) 주다

さしあげる 드리다

わかめスープ 미역국

赤飯 팥밥

招待する 초대하다

パーティー 파티

ケーキ 케이크

花束 꽃다발

乾杯をする 건배를 하다

贈り物 선물

化粧品 화장품

香水 향수

指輪 반지

人形 인형

財布 지갑

イヤリング 귀걸이

時計 시계

ネックレス 목걸이

服 옷

ベルト 벨트

本 책

ろうそく 초(촛불)

▶ 13 私の友達

🎧 13-01

🔊 会話

キム	紀子さんは、仲がいい友達が何人ぐらいいるんですか。
紀子	そうですねえ。友達はあまり多いほうではありませんが、3人います。3人とも長い間、付き合っている友達です。
キム	そうですか。いつからの友達なんですか。
紀子	みんな中学時代の同級生で、三年間同じクラスでした。
キム	わぁ、じゃ、もう十年以上ですね。
紀子	ええ、そうです。
キム	今でもよく会っているんですか。
紀子	最近はいそがしくてあまり会えませんが、会えばおしゃべりしたり、悩み事の相談にのったりします。
キム	それはいいですね。

内容チェック

1. 紀子さんは友達が多いほうですか。

2. 紀子さんの親しい友達はいつからの友達ですか。

3. 紀子さんは、最近どうしてあまり友達に会えませんか。

語句練習

- □ 仲(なか)がいい 사이가 좋다
- □ ぐらい 정도, 가량
- □ そうですねえ 글쎄요
- □ あまり 별로, 그다지
- □ 多(おお)いほうではない 많은 편이 아니다
- □ みんな 모두
- □ 3人(さんにん)とも 세 명 모두
- □ 長(なが)い間(あいだ) 오랫동안
- □ 付(つ)き合(あ)っている 사귀고 있다
- □ いつから 언제부터
- □ 中学時代(ちゅうがくじだい) 중학생 시절
- □ 同級生(どうきゅうせい) 동급생
- □ 三年間(さんねんかん) 3년 간

- □ 同(おな)じ 같음
- □ クラス 반, 클래스
- □ 以上(いじょう) 이상
- □ 今(いま) 지금
- □ よく 잘, 자주
- □ 会(あ)っている 만나고 있다
- □ 最近(さいきん) 최근
- □ いそがしくて 바빠서
- □ 会(あ)えませんが 못 만나지만
- □ 会(あ)えば 만나면
- □ おしゃべりをする 수다를 떨다
- □ 悩(なや)み事(ごと) 고민거리
- □ 相談(そうだん)にのる 상담에 응하다

文型練習

1 ～ほうだ 🎧 13-02

A 友達は多いですか。

B あまり多いほうではありません。

---

1. A お父さんはきびしいですか。
   B いいえ、あまり＿＿＿＿＿＿＿＿。

2. A 好き嫌いがありますか。
   B いいえ、あまり＿＿＿＿＿＿＿＿。

3. A 韓国人は情が深いですか。。
   B はい、＿＿＿＿＿＿＿＿＿＿＿。

4. A 日本人は勤勉ですか。
   B はい、＿＿＿＿＿＿＿＿＿＿＿。

❶ きびしくない ❷ 好き嫌いがない

❸ 情が深い ❹ 勤勉だ

2 ～て 🎧 13-03

A 友達によく会いますか。

B 最近、いそがしくてあまり会えません。

---

1. A この本が読めますか。
   B いいえ、＿＿＿＿＿＿＿＿＿。

2. A この機械は使えますか。
   B いいえ、＿＿＿＿＿＿＿＿＿。

3. A この料理が食べられますか。
   B いいえ、＿＿＿＿＿＿＿＿＿。

4. A もう少し歩けますか。
   B いいえ、＿＿＿＿＿＿＿＿＿。

❶ この本は難しい ❷ この機械は古い

❸ この料理は辛い ❹ 足が痛い

③ **〜たり〜たりする** 🎧 13-04

A 友達に会ったら、何をしますか。

B おしゃべりをしたり、相談にのったりします。

---

1. A 日曜日に何をしますか。

B _____。

2. A 週末に何をしますか。

B _____。

3. A 会社ではどんな仕事をしますか。

B _____。

4. A 夏休みには何をしますか。

B _____。

❶ DVDを見る / 本を読む

❷ 買い物をする / デートをする

❸ 書類を作成する / 会議の準備をする

❹ 日本語を習う / ボランティアをする

語句練習

- □ きびしい 엄하다
- □ あまり 그다지, 별로
- □ 好(す)き嫌(きら)い 좋고 싫음(호불호)
- □ 情(じょう)が深(ふか)い 정이 깊다
- □ 勤勉(きんべん)だ 근면하다
- □ 難(むずか)しい 어렵다
- □ 機械(きかい) 기계
- □ 歩(ある)く 걷다
- □ 古(ふる)い 오래되다, 낡다
- □ 辛(から)い 맵다
- □ 足(あし) 다리

- □ 痛(いた)い 아프다
- □ 少(すこ)し 조금, 약간
- □ ビデオを見(み)る 비디오를 보다
- □ 買(か)い物(もの) 쇼핑, 물건 사기
- □ デートをする 데이트를 하다
- □ 書類(しょるい) 서류
- □ 作成(さくせい) 작성
- □ 会議(かいぎ) 회의
- □ 準備(じゅんび) 준비
- □ 習(なら)う 배우다
- □ ボランティア 자원봉사

1. あなたは友達が多いですか。

2. 友達とはいつから付き合っていますか。

3. 友達に会うとき何をしますか。

4. 友達のどんなところがあなたに合いますか。

5. 友達とけんかをしたことがありますか。理由は何でしたか。

親友 친한 친구

おさな
幼なじみ 어릴적친구

こうこう じ だい
高校時代 고등학생 시절

に
似ている 닮다

しょくじ
食事をする 식사를 하다

さけ の
お酒を飲む 술을 마시다

えい が み
映画を見る 영화를 보다

スポーツをする 운동을 하다

おしゃべりをする 수다를 떨다

りょこう
旅行をする 여행을 하다

そうだん
相談する 상담하다

とうろん たの
討論を楽しむ 토론을 즐기다

コンピューター・ゲームをする 컴퓨터 게임을 하다

うた うた
カラオケボックスで歌を歌う 노래방에서 노래를 부르다

せいかく
性格がいい 성격이 좋다

ほが
朗らかだ 명랑하다

やさしい 상냥하다, 다정하다

かっぱつ
活発だ 활발하다

らくてんてき
楽天的だ 낙천적이다

り かい
理解する 이해하다

じんせい まじめ い
人生を真面目に生きる 인생을 진지하게 살다

じ ぶん も
自分にはないものを持っている 나에게는 없는 것을 가지고 있다(가졌다)

ご かい
誤解する 오해하다

い けん さ
意見の差 의견 차이

▶ 14 結婚

🔊 **会話**

🎧 14-01

田中	キムさん、韓国の人はたいてい何歳ぐらいで結婚するんですか。
キム	人によって多少違いますけど、男性はだいたい30歳ぐらいです。 韓国は兵役のため日本の男性より少し遅れるかも知れません。
田中	そうですか。失礼ですが、キムさんの場合は…。
キム	私の場合は、大学卒業後すぐ結婚式を挙げました。
田中	わぁー。すごいですね。卒業してすぐにですか。
キム	ええ、てれくさい話ですが、妻が年上だったものですから。
田中	うらやましいですね。
キム	何がですか。
田中	キムさんの奥さんのことです。日本では年上の嫁は金のわらじをはいてでも探せという言葉があるくらい、貴重だと言われているんですよ。

1. 韓国の男性はなぜ日本の人より結婚が遅れますか。

2. キムさんはいつ結婚しましたか。

3. キムさんはなぜ、早く結婚しましたか。

語句練習

- □ たいてい 대부분
- □ 何歳(なんさい) 몇 살
- □ ぐらい 정도
- □ ～によって ～에 따라
- □ 多少(たしょう) 다소
- □ 違(ちが)う 다르다
- □ だいたい 대체로
- □ 兵役(へいえき) 병역
- □ 遅(おく)れる 늦어지다
- □ ～かも知(し)れない ～일지도 모른다
- □ 失礼(しつれい) 실례
- □ 卒業後(そつぎょうご) 졸업 후
- □ 結婚式(けっこんしき) 결혼식
- □ 挙(あ)げる 올리다, 거행하다

- □ すごいですね 대단하군요
- □ すぐに 곧바로
- □ てれくさい 겸연쩍다
- □ 年上(としうえ) 연상
- □ ～ものですから ～니까
- □ うらやましい 부럽다
- □ ～のことですよ ～에 관한 일 말이에요
- □ 嫁(よめ) 신부, 며느리
- □ 金(かね)のわらじ 쇠 짚신
- □ はく(履く) (신발을) 신다. (바지를) 입다
- □ はいてでも 신고라도
- □ 探(さが)せ 찾아라
- □ 貴重(きちょう) 귀중, 아주 중요
- □ 言(い)われる 일컬어지다, 말해지다

1 ～によって 🎧 14-02

A 何歳ぐらいで結婚するんですか。

B 人によって違いますが、だいたい30歳ぐらいです。

---

1. A 今日は雨が降りますか。

 B ＿＿＿＿＿＿＿＿＿＿＿＿＿＿＿、雨が降るそうです。

2. A この事件、裁判所に訴えるんですか。

 B ＿＿＿＿＿＿＿＿＿＿＿＿＿。裁判所に訴えます。

3. A スケジュールの変更はありませんか。

 B ＿＿＿＿＿＿＿＿＿＿＿＿＿＿、スケジュールを変更します。

❶ 所　　　　　　　❷ 相手の態度　　　　❸ 天気

2 ～かも知れない 🎧 14-03

A 時間どおり出発しますか。

B いいえ、少し遅れるかもしれません。

---

1. A インドには和食の店がありますか。　2. A 今晩、雨が降りますか。

 B インドには、＿＿＿＿＿＿＿＿＿。　　　 B ええ、＿＿＿＿＿＿＿＿＿＿＿＿。

3. A 今日、お客さんが来ますか。　　　　4. A あの方は社長ですか。

 B ええ、＿＿＿＿＿＿＿＿＿＿＿。　　　 B 身なりを見ると、＿＿＿＿＿＿。

❶ 和食の店がない　　　❷ 今晩、雨が降る

❸ お客さんが来る　　　❹ あの人が社長だ

3 **〜ものですから** 🎧 14-04

A どうして早く結婚したんですか。

B 妻が年上だったものですから。

---

1. A どうして欠席したんですか。

    B _____。

2. A どうしてタクシーで来たんですか。

    B _____。

3. A どうして買ったんですか。

    B _____。

❶ 娘がかぜをひいた   ❷ 道がわからなかった   ❸ 店の人が便利だと言った

語句練習

- 雨(あめ)が降(ふ)る 비가 오다
- 所(ところ) 곳, 장소
- 降(ふ)るそうです (비가) 온다고 합니다
- 事件(じけん) 사건
- 裁判所(さいばんしょ) 재판소, 법원
- 訴(うった)える 소송하다
- 相手(あいて) 상대
- 態度(たいど) 태도
- スケジュール 스케줄
- 変更(へんこう) 변경

- 天気(てんき) 날씨
- 和食(わしょく) 일본 음식
- 身(み)なり 옷차림
- 方(かた) 분(제3자를 높여 부르는 말)
- 欠席(けっせき) 결석
- 娘(むすめ) 딸
- かぜをひく 감기 들다
- わからない 모르다
- 店(みせ)の人(ひと) 가게를 보는 사람, 가게 직원
- 便利(べんり) 편리함

1. あなたは結婚していますか。

2. (結婚している人) 何歳のとき結婚しましたか。
   (結婚していない人) 何歳ぐらいで結婚しようと思っていますか。

3. あなたはどんな結婚式がしたいですか。
   例) 立派な結婚式、地味な結婚式、伝統的な結婚式

4. あなたが、結婚を決める(決めた)条件は何ですか。

なこうど
仲人 중매인

み あ
お見合い 맞선

こんれいひん
婚礼品 혼례품

ゆいのう
結納をかわす 약혼 예물을 교환하다

ウエディングドレス 웨딩드레스

ゆび わ
指輪 반지

こんやくしゃ
婚約者 약혼자

けっこんてきれい き
結婚適齢期 결혼적령기

しんろう
新郎 신랑

しん ぷ
新婦 신부

はなむこ
花婿 신랑

はなよめ
花嫁 신부

いろなお
お色直し 신부가 다른 옷으로 갈아입음

けっこんしきじょう
結婚式場 결혼식장

しんぜんけっこん
神前結婚 신사에서의 결혼

ぶつしき
仏式 불교식

きょうしき
キリスト教式 기독교식

ひ ろうえん
披露宴 피로연

ちぎ
かいろうの契り 백년해로의 언약

しんこんりょこう
新婚旅行 신혼여행

かね も
金持ち 부자

せいかく ひと
性格のいい人 성격이 좋은 사람

ひと
スマートな人 스마트한 사람

けんこう ひと
健康な人 건강한 사람

ていしゅかんぱく
亭主関白 폭군 같은 남편

てん か
かかあ天下 엄처시하(아내에게 쥐여사는 남편의 처지)

どくしん い
独身で生きていく 독신으로 살아가다

どくしんしゅ ぎ
独身主義 독신주의

🎧 15-01

パク	西田さんは動物を飼ったことがありますか。
西田	はい、幼い頃、犬を飼ったことがあります。家族みんなでえさをやったり、散歩をさせたりしてかわいがっていました。
パク	何という名前だったんですか。
西田	名前はエスといって、とても利口な犬だったんですよ。
パク	じゃ、そのエスとの思い出も多いんじゃないですか。
西田	はい、私が幼稚園から帰ってくると毎日、家の門の前で私を待っててくれたことを今でもよく覚えています。
パク	本当に利口な犬だったんですね。
西田	はい、エスは体も大きかったので、私がエスの背中にまたがって遊んでいる写真も残っています。でも、そのエスに死なれたときは本当に悲しかったです。
パク	そうですか。それは残念でした。

🔆 内容チェック

1. 西田さんはいつ犬を飼いましたか。

2. 西田さんが飼ったエスはどんな犬でしたか。

3. エスが死んだとき西田さんはどんな気持ちでしたか。

語句練習

- 動物(どうぶつ) 동물
- 飼(か)う 기르다
- 幼(おさな)い 어리다
- 頃(ころ) 즈음, 경
- 犬(いぬ) 개
- えさをやる 먹이를 주다
- 散歩(さんぽ) 산책
- させる 시키다
- かわいがる 귀여워하다
- 利口(りこう) 영리함, 똑똑함
- 思(おも)い出(で) 추억
- 幼稚園(ようちえん) 유치원
- 毎日(まいにち) 매일
- 門(もん) 문

- 前(まえ) 앞
- 待(ま)っている 기다리고 있다
- 今(いま) 지금
- 覚(おぼ)えている 기억하고 있다
- 本当(ほんとう)に 정말로
- 体(からだ) 몸
- 背中(せなか) 등
- またがる 올라타다
- 遊(あそ)ぶ 놀다
- 写真(しゃしん) 사진
- 残(のこ)る 남다
- 死(し)ぬ 죽다
- 悲(かな)しい 슬프다
- 残念(ざんねん)だ 유감스럽다

文型練習

1 ～させる 🎧15-02

A 犬をどのように飼いましたか。

B えさをやったり、散歩をさせたりしました。

---

1. A 宴会のとき、部下に何をさせましたか。

   B 部下に＿＿＿＿＿＿＿＿＿＿＿＿＿＿＿＿。

2. A 先生は学生に何をさせましたか。

   B 学生に＿＿＿＿＿＿＿＿＿＿＿＿＿＿＿＿。

3. A 先輩は後輩に何をさせましたか。

   B 後輩に＿＿＿＿＿＿＿＿＿＿＿＿＿＿＿＿。

❶ 歌を歌う   ❷ 漢字を覚える   ❸ 洗濯をする

2 ～がっている 🎧15-03

A どのように飼いましたか。

B みんなでとてもかわいがっていました。

---

1. A ペットに死なれた彼女、どうでしたか。

   B とても＿＿＿＿＿＿＿＿＿＿＿＿＿＿＿＿。

2. A 一人暮らしを始めた彼、どうでしたか。

   B とても＿＿＿＿＿＿＿＿＿＿＿＿＿＿＿＿。

3. A 新しい会社に就職した彼、どうですか。

   B とても＿＿＿＿＿＿＿＿＿＿＿＿＿＿＿＿。

❶ かなしい   ❷ さびしい   ❸ うれしい

③ 〜られる

A エスが死んだときはどうでしたか。

B エスに死なれて本当に悲しかったです。

---

1. A 今朝は雨が降りましたね。

   B ええ、雨に_____。

2. A 今日は秘書の方が休んだんですか。

   B はい、秘書に_____。

3. A 夜遅く、友達が来ていたようですね。

   B 夜遅く友達に_____。

❶ 雨が降る / 困った   ❷ 秘書が休む / 困った   ❸ 夜遅く友達が来る/困った

語句練習

- □ 宴会(えんかい) 연회
- □ 歌(うた)を歌(うた)う 노래를 부르다
- □ 漢字(かんじ) 한자
- □ 覚(おぼ)える 외우다
- □ 先輩(せんぱい) 선배
- □ 後輩(こうはい) 후배
- □ 洗濯(せんたく)をする 세탁을 하다
- □ ペット 애완동물
- □ 死(し)ぬ 죽다

- □ 一人暮(ひとりぐら)し 독신생활
- □ さびしい 외롭다
- □ 就職(しゅうしょく) 취직
- □ うれしい 기쁘다
- □ 今朝(けさ) 오늘 아침
- □ 困(こま)る 곤란하다, 난처하다
- □ 方(かた) 분(제3자를 높여 부르는 말)
- □ 夜遅(よるおそ)く 밤 늦게

1. みなさんは、動物や鳥が好きですか。それはなぜですか。

2. 動物や鳥を飼ったことがありますか。

3. ペットを飼うとしたら、どんなペットが飼いたいですか。

4. 韓国の昔話にはどんな動物がよく出てきますか。

人間と違う 사람과 다르다

かわいい 귀엽다

犬小屋 개집

ペットショップ 애완동물 숍

動物アレルギー 동물 알레르기

おとなしい 얌전하다

登録する 등록하다

鳴く (새·벌레·짐승 등이) 소리를 내다, 울다

動物虐待 동물학대

犬 개

ハムスター 햄스터

リス 다람쥐

カナリア 카나리아

イグアナ 이구아나

兎 토끼

タツノオトシゴ(竜の落とし子) 해마

裏切らない 배신을 하지 않는다

なつく 잘 따르다

鳥かご 새장

動物病院 동물병원

うるさい 시끄럽다

予防注射 예방주사

交尾させる 교미시키다

吠える 짖다

密漁 밀렵

猫 고양이

猿 원숭이

コアラ 코알라

オウム 앵무새

亀 거북이

金魚 금붕어

▶ 16 買い物

吉田　ヨンヒさんはよく買い物をしますか。

英姫　ええ、ショッピングは大好きです。

吉田　では、毎月お小遣いが足りないんじゃないですか。

英姫　いいえ、実はショッピングといっても、私が好きなのは
　　　ウインドーショッピングなんです。

吉田　なんだ、そうなんですか。でも、いろいろな服を見ている
　　　と、ついほしくなって衝動買いをしてしまうこともあるん
　　　じゃないですか。

英姫　ええ、この間も白いワンピースを買っちゃいました。

吉田　デパートで買ったんですか。

英姫　いいえ、東大門市場で買いました。市場でもよく選べば
　　　デパートの商品とあまり変らないものが買えるんですよ。

吉田　ヨンヒさんは買物上手ですね。

英姫　まだ、親のすねをかじっていますから。

1. ヨンヒさんが好きなことは何ですか。

2. ヨンヒさんは衝動買いで何を買いましたか。

3. ヨンヒさんはなぜ、市場で買物をしますか。

語句練習

- □ ショッピング 쇼핑
- □ 大好(だいす)きだ 대단히 좋아하다
- □ 足(た)りない 부족하다
- □ 実(じつ)は 사실은
- □ ～といっても ～라고 해도
- □ ウインドーショッピング 윈도 쇼핑
- □ なんだ 뭐야
- □ 服(ふく) 옷
- □ 見(み)ていると 보고 있으면
- □ つい 그만

- □ ほしくなる 가지고 싶어지다
- □ 衝動買(しょうどうが)い 충동구매
- □ ～してしまう ～해 버리다
- □ この間(あいだ) 요전에
- □ 買(か)っちゃいました 사 버렸습니다
- □ 東大門(トンデムン) 동대문
- □ 選(えら)べば 고르면
- □ 変(かわ)らない 차이가 없다
- □ 買物上手(かいものじょうず) 쇼핑에 능숙함
- □ 親(おや)のすねをかじる 부모에게 얹혀살다

1 ～と 🎧 16-02

A どんなとき衝動買いしますか。

B 服を見ていると、ついほしくなっちゃうんです。

---

1. **A** おじいさんは散歩にでかけたんですか。

   B はい、＿＿＿＿＿＿＿＿＿＿＿＿＿＿＿＿＿。

2. **A** 隣の犬、よく吠えますね。

   B ええ、＿＿＿＿＿＿＿＿＿＿＿＿＿＿＿＿＿。

3. **A** 頭がいたいんですか。

   B ええ、＿＿＿＿＿＿＿＿＿＿＿＿＿＿＿＿＿。

❶ 天気がいい / 散歩に行く　　❷ 知らない人を見る / よく吠える

❸ お酒を飲む / 頭が痛くなる

2 ～てしまう（＝～ちゃう） 🎧 16-03

A 何を買ったんですか。

B ワンピースを買ってしまいました(＝買っちゃいました)。

---

1. **A** この本、読みましたか。　　2. **A** 論文、もう書きましたか。

   B はい、＿＿＿＿＿＿＿＿。　　　**B** はい、＿＿＿＿＿＿＿＿＿。

3. **A** 子供たちはもう、眠りましたか。　4. **A** バスの中にかさを忘れたんですか。

   B ええ、＿＿＿＿＿＿＿＿。　　　**B** ええ、＿＿＿＿＿＿＿＿＿。

❶ もう読んだ　❷ もう全部書いた　❸ 疲れて眠った　❹ バスの中に忘れた

③ ～ば

16-04

A 市場の品物はどうですか。

B よく選べばいいものが買えます。

---

1. A よく見えますか。

　　B はい、＿＿＿＿＿＿＿＿＿＿＿＿＿＿＿＿。

2. A 来週の登山に行きますか。

　　B はい、＿＿＿＿＿＿＿＿＿＿＿＿＿＿＿＿。

3. A よく売れますか。

　　B はい、＿＿＿＿＿＿＿＿＿＿＿＿＿＿＿＿。

❶ めがねをかける . / よく見える　　❷ 足が痛くない / 行く

❸ 品質がよい / よく売れる

語句練習

□ でかける 외출하다

□ 吠(ほ)える 짖다

□ 知(し)らない人(ひと) 모르는 사람

□ お酒(さけ)を飲(の)む 술을 마시다

□ 頭(あたま)が痛(いた)い 머리가 아프다

□ 論文(ろんぶん) 논문

□ もう 이미, 벌써

□ 全部(ぜんぶ) 전부, 다, 모두

□ 眠(ねむ)る 잠들다

□ 疲(つか)れる 피곤하다, 지치다

□ 忘(わす)れる 잊다

□ 見(み)える 보이다

□ 足(あし)が痛(いた)い 다리가 아프다

□ めがねをかける 안경을 쓰다

□ 登山(とざん) 등산

□ 売(う)れる 팔리다

□ 品質(ひんしつ) 품질

1. あなたはよく買物に行きますか。誰といっしょに行きますか。

2. あなたは、買いたいものがあるとき、どこで買いますか。

3. 買物をするとき、何を重視しますか。(価格、ブランド、品質、流行など)

4. 今、何かほしい(買いたい)ものがありますか。

家族 가족

父 아버지

母 어머니

友達 친구

スーパー 슈퍼마켓

量販店 양판점

ディスカウント店 할인점

デパート 백화점

コストコ 코스트코

ウォールマート 월마트

市場 시장

100円ショップ 100엔숍

値段 값, 가격

流行 유행

高い 비싸다

安い 싸다

品質がいい 품질이 좋다

メーカー 메이커, 제조사

よく似合う 잘 어울리다

サイズが合う 사이즈가 맞다

国産 국산

外国製 외제

売り場 매장

電化製品 전자제품

デジタル・テレビ 디지털 TV

携帯電話 휴대전화

パソコン 컴퓨터

DVDプレーヤー DVD 플레이어

オーディオセット 오디오세트

時計 시계

家具 가구

食器 식기

洋服 옷

インラインスケート 인라인스케이트

🗣会話　　　　　　　　　　　　　　　　　　　🎧 17-01

パク	田中さんは、バイトをしたことがありますか。
田中	ええ、学生時代にはよくしました。
パク	どんなバイトをしたんですか。
田中	家庭教師（かていきょうし）や皿洗（さらあら）いなどいろいろしました。
パク	忘（わす）れられないバイトがありますか。
田中	ええ、コンサート会場（かいじょう）の準備（じゅんび）をするバイトをしたんですが、重い機材（きざい）を運（はこ）ばされたり、高い場所（ばしょ）にライトを設置（せっち）させられたり、とても大変でした。
パク	そうですか。大変でしたね。
田中	でも、コンサートはただで見られたし、バイト代もよかったのでやった甲斐（かい）がありました。
パク	それはよかったですね。

内容チェック

1. 田中さんは学生時代、どんなバイトをしましたか。

2. 田中さんが忘れられないバイトはどんなバイトですか。

3. 田中さんは、上のバイトをして後悔しましたか。
こうかい

語句練習

- □ バイト(アルバイト) 아르바이트
- □ ～たことがある ～한 적이 있다
- □ 家庭教師(かていきょうし) 가정교사
- □ 皿洗(さらあら)い 접시닦이
- □ ～や～など ～과 ～ 등
- □ いろいろ 여러 가지
- □ 忘(わす)れられない 잊히지 않는
- □ コンサート 콘서트
- □ 会場(かいじょう) 회장
- □ 準備(じゅんび) 준비

- □ 機材(きざい) 기재
- □ 運(はこ)ばされる(≒運ばせられる) 나르도록 하다
- □ 場所(ばしょ) 장소
- □ ライト 라이트
- □ 設置(せっち) 설치
- □ ただ 공짜, 무료
- □ バイト代(だい) 아르바이트비
- □ 甲斐(かい) 보람
- □ よかったですね 좋았겠군요
- □ 後悔(こうかい) 후회

1 ～たことがある(あります)/ない(ありません) 🎧 17-02

A 田中さんはバイトをしたことがありますか。

B ええ、したことがあります。

---

1. A ビビンバを_____。 **2. A** フランスに_____。

    B はい、_____。   **B** はい、_____。

3. A 日本の歌を_____。 **4. A** この本を_____。

    B いいえ、_____。   **B** いいえ、_____。

❶ 食べる   ❷ 行く   ❸ 歌う   ❹ 読む

2 ～や～など 🎧 17-03

A どんなバイトをしたんですか。

B 家庭教師や皿洗いなどをしました。

---

1. A どんな日本料理がありますか。 **2. A** どこの国の人が来ましたか。

    B _____。   **B** _____。

3. A どんな色が好きですか。 **4. A** デパートで何を買いましたか。

    B _____。   **B** _____。

❶ てんぷら / しゃぶしゃぶ   ❷ アメリカ / 中国

❸ みどり色 / みず色   ❹ セーター / スカート

3 ～させられる 🎧 17-04

A どんな仕事をしたんですか。

B ライトを設置させられました。

---

1. A 先輩にどんなことをさせられましたか。

B _____。

2. A お母さんに何をさせられましたか。

B _____。

3. A 上司に何をさせられましたか。

B _____。

4. A 先生に何をさせられましたか。

B _____。

❶ 部屋を掃除する   ❷ お使いをさせる

❸ 書類を作成する   ❹ テスト用紙をコピーする

語句練習

- ビビンバ 비빔밥
- フランス 프랑스
- 歌(うた)を歌(うた)う 노래를 부르다
- てんぷら 튀김
- しゃぶしゃぶ 샤부샤부
- みどり色(いろ) 녹색
- みず色(いろ) 물빛, 하늘빛
- セーター 스웨터
- スカート 스커트
- 掃除(そうじ) 청소
- お使(つか)い 심부름
- 上司(じょうし) 상사, 직장 내 윗사람
- 書類(しょるい) 서류
- テスト用紙(ようし) 시험지
- コピー 복사(카피)

1. あなたは、アルバイトをしたことがありますか。
   どんなアルバイトをしましたか。

2. 最近、学生に人気があるアルバイトは何ですか。

3. もし、アルバイトをするとしたら、どんなアルバイトがしたいですか。
   それはなぜですか。

4. アルバイトで難しいことは何ですか。

新聞配達 신문 배달

チラシの配付 전단지 배포

コンビニの店員 편의점 점원

ウェイトレス 웨이트리스

ホテルのルームメード 호텔 룸메이드

地質調査助手 지질조사 보조

ウェイター 웨이터

土方 공사판 노동자

ビル清掃 빌딩 청소

交通量の調査 교통량 조사

時給 시간급

月給 월급

食事付き 식사 제공

家屋調査 가옥 조사

印刷の助手 인쇄 보조

給料 급료

日給 일급

交通費 교통비

3K労働 3D 노동(업종)

3K : きつい 힘들다　きたない 더럽다　きけん 위험

▶ 18 ストレス

🔊 18-01

🗣️会話

パク	石橋さん、少しお疲れのようですね。
石橋	ええ、仕事がうまくいかなくて……。
パク	少し休暇をとったらどうですか。
石橋	私も休暇をとって気分転換でもしたいんですが、仕事が気になって。
パク	でも、あまり無理すると病気になってしまいますよ。
石橋	それはそうですが……。
パク	なんでも最近は、子供からお年寄りまでストレスのため、病気になる人が増えているそうですよ。
石橋	子供からお年寄りまでですか。
パク	ええ、現代はストレス社会ですからね。
石橋	そうですね。じゃ、明日、部長に休暇願いを出してみます。
パク	それがいいですよ。

💡 内容チェック

1. 石橋さんは、なぜ疲れていますか。

2. 石橋さんは、なぜ休暇がとれませんか。

3. パクさんの話によると、最近どんな人が増えていますか。

語句練習

- お疲(つか)れ 피곤(한 상태)
- ～のようだ ～인 것 같다
- 仕事(しごと) 일, 업무
- うまくいかない 잘되지 않다
- 休暇(きゅうか)をとる 휴가를 받다
- ～たらどうですか ～하면 어떻습니까
- 気分転換(きぶんてんかん) 기분전환
- 気(き)になる 걱정되다
- 無理(むり) 무리
- ～てしまう ～해 버리다
- なんでも 잘은 모르지만, 듣자 하니

- ～だそうだ ～라고 한다
- お年寄(としよ)り 늙은이
- ストレス 스트레스
- ～のため ～때문에
- 増(ふ)える 증가하다
- 現代(げんだい) 현대
- ストレス社会(しゃかい) 스트레스 사회
- 部長(ぶちょう) 부장
- 休暇願(きゅうかねが)い 휴가원
- 出(だ)す 제출하다
- ～てみる ～해 보다

1 ～たらどうですか　🎧 18-02

A ちょっと疲れているんです。

B じゃ、気分転換でもしたらどうですか。

---

1. A この仕事、なかなかうまくいかないんです。

　　B じゃ、＿＿＿＿＿＿＿＿＿＿＿＿＿＿＿＿＿＿。

2. A 最近、胃の調子がよくないんですよ。

　　B 一度、＿＿＿＿＿＿＿＿＿＿＿＿＿＿＿＿＿＿。

3. A 家の近所、交通が不便で困っているんです。

　　B 思い切って、＿＿＿＿＿＿＿＿＿＿＿＿＿＿＿＿。

❶ やり方をかえる　　❷ 病院で検査をうける　　❸ 引っ越す

2 ～のために　🎧 18-03

A なぜ病気になる人が増えていますか。

B ストレスのために病気になる人が増えています。

---

1. A なぜ、入院したんですか。

　　B ＿＿＿＿＿＿＿＿＿＿＿＿＿＿＿＿＿＿＿＿＿＿。

2. A どうして、洪水が起こったんですか。

　　B ＿＿＿＿＿＿＿＿＿＿＿＿＿＿＿＿＿＿＿＿＿＿。

3. A なぜ、家畜が死んだんですか。

　　B ＿＿＿＿＿＿＿＿＿＿＿＿＿＿＿＿＿＿＿＿＿＿。

❶ 過労　　　　　　❷ 台風　　　　　　❸ 暑さ

❸ なんでも〜そうだ 🎧 18-04

A 最近ストレスでどんな人が病気になるんですか。

B なんでも、子供から大人まで病気になるそうです。

___

1. A 何を話しているんですか。

    B ＿＿＿＿＿＿＿＿＿＿＿＿＿＿＿＿＿＿＿＿＿＿＿。

2. A あの穴は何ですか。

    B ＿＿＿＿＿＿＿＿＿＿＿＿＿＿＿＿＿＿＿＿＿＿＿。

3. A どうしてあの会社の株が上がったんですか。

    B ＿＿＿＿＿＿＿＿＿＿＿＿＿＿＿＿＿＿＿＿＿＿＿。

❶ 社長が新しく会社を作る　　❷ 恐竜の足跡だ　　❸ あの会社が新薬を開発した

語句練習

□ なかなか 꽤, 좀처럼	□ 起(お)こる 일어나다, 발생하다
□ うまくいかない 잘 되지 않는다	□ 台風(たいふう) 태풍
□ やり方(かた) 하는 방법	□ 家畜(かちく) 가축
□ かえる 바꾸다	□ 暑(あつ)さ 더위
□ 調子(ちょうし) 상태, 컨디션, 형편	□ 会社(かいしゃ)を作(つく)る 회사를 만들다
□ 検査けんさ)をうける 검사를 받다	□ 穴(あな) 구멍
□ 思(おも)い切(き)って 과감하게, 단연코	□ 恐竜(きょうりゅう) 공룡
□ 引(ひ)っ越(こ)し 이사	□ 足跡(あしあと) 발자국
□ 過労(かろう) 과로	□ 株(かぶ)が上(あ)がる 주식이 오르다
□ 入院(にゅういん) 입원	□ 新薬(しんやく) 신약
□ 洪水(こうずい) 홍수	□ 開発(かいはつ) 개발

1. みなさんは、どんなときストレスを感じますか。

2. あなたのストレス解消法（かいしょうほう）は何ですか。

3. ストレスを溜（た）めないようにするには、どうしたらいいですか。

満員電車 만원 전철

人間関係 인간관계

親の小言 부모님의 잔소리

リストラ 구조조정

いじめ 따돌림

セクハラ 성희롱

成績 성적

健康 건강

夫婦げんか 부부싸움

歌を歌う 노래를 부르다

スポーツをする 운동을 하다

酒を飲む 술을 마시다

音楽を聞く 음악을 듣다

買物をする 쇼핑을 하다

おしゃべりをする 수다 떨다

よく睡眠をとる 충분히 수면을 취하다

無理に働かない 무리해서 일하지 않는다

プライベートな時間を持つ 개인적인 시간을 가진다

心が安らぐ趣味を持つ 마음이 편해지는 취미를 갖는다

관심사 말하기 모델 만들기

1. 요즘 가장 관심이 많은 것은 무엇인가?

◇ 私がいちばん関心を持っているのは、やはり日本語の勉強です。

◆ 私がいちばん関心を持っているのは、結婚のことです。

◇ 私がいちばん関心を持っているのは、ストレスのことです。

2. 이유는?

◇ 日本語の勉強がとても面白くなってきているのですが、どうすればもっと効果的に勉強ができて、日本語が上手に使いこなせるようになれるか、ということを考える時間が増えたからです。

◆ このごろは一人暮しを宣言する人が多くなってきているようですが、結婚っていったい自分にどういう意味を持っているのかと、つくづく考えるようになったからです。

◇ このごろは仕事がどうしてもうまくいかなくて、上司には叱られるし、同僚にもなんだか迷惑をかけているような気がしてなりません。意欲喪失という感じもしますが、あれこれとストレスばかり溜まっているようです。

3. 그래서 어떻게 할 생각인가?

◇ まずは一生懸命勉強するしかないと思います。もしよいご意見があれ
ば、皆さんからの助言をお願いします。

◆ 気になっているとはいっても、そんなに深刻な状態ではないので、まず
は人の意見を聞いてみたり、参考になる本を読んでみたりと一応は気軽に
対処していきたいと思います。

◇ これは、私に問題があってのことか、または他の理由があってのことか
をじっくり考えてみたいです。それでも答えが得られない場合は、先輩や
同僚に心を打ち明けて相談してみたいと思います。

4. 자신의 판단에 중요한 요인이 되는 것은 무엇인가?

◇ ただ一生懸命勉強するということは、なにか要領のない勉強の仕方のよ
うな気がするのですが、ある程度自分なりに勉強できるようになるまで
は、自分に合う勉強法を見つけるまでの時間が必要だと思います。

◆ まずは一人暮しにするかしないかのどちらに答えを得ようとすると、そ
れは狭い意味での人生を考えることになるかも知れないので、人生を生
きていくという大きな枠組みのなかから考えていくことが重要だと思い
ます。

◇ 会社の立場からまたは上司、同僚の立場から自分を見つめてみることが
重要だと思います。もしかしたら、いままでは自分の立場からだけ考えて
いたのではないかとも思われます。

5. 최종 목표는?

◇ 日本語を勉強する最終的な目標はやはり言葉を通じて、日本という国の姿を知り、お互いの発展と友好に役に立つ人間として活躍できるようにすることです。

◆ このようなことに関心を持つというのは、自分の人生をもうちょっと細かいところまで見つめることとつながるもので、それ自体、成熟の過程として理解したいのです。

◇ 人間なら誰でも、自分の属している組織の中で認められる人間としていたいものではないしょうか。ところが、どのようにするのが会社のために、または自分の人生のために役に立つのかに正解があるのではないかと思います。その正解にもっと近くまで行ってみたいのです。

6. 앞의 1~5까지를 정리해서 자신의 관심사 말하기 모델을 만들어 보자.

→ → → 해석 및
참고 표현

박순미 처음 뵙겠습니다. 박순미라고 합니다. 부디 잘 부탁합니다.

다나카 처음 뵙겠습니다. 다나카입니다. 저야말로 잘 부탁합니다.

박순미 다나카 씨는 회사원입니까?

다나카 네, 국제상사라는 무역회사에 근무하고 있습니다. 박순미 씨는 학생입니까?

박순미 예, 저는 아직 학생으로, 경영 공부를 하고 있습니다.

다나카 : 그렇습니까? 저도 학생 때 경영을 전공했어요.

박순미 : 그렇습니까? 그런데 다나카 씨 댁은 어디입니까?

다나카 : 저는 마포에 살고 있습니다.

내용 체크

1 다나카 씨는 학생입니까?

2 다나카 씨는 학생 때 어떤 공부를 했습니까?

3 다나카 씨는 어디에 살고 있습니까?

문형 연습

① ~라고 합니다.

A 성함이 어떻게 되십니까?

B '❶ 김 ❷ 스미스 ❸ 친 ❹ 존'이라고 합니다. 부디 잘 부탁합니다.

② ~라는

A 어느 회사에 근무하십니까?

B 국제상사라는 회사에 근무하고 있습니다.

1 A 어느 회사에 근무하십니까?

  B 일본물산이라는 회사에 근무하고 있습니다.

2 A 점심은 어디에서 먹었습니까?

  B 기소가와라는 메밀국수집에서 먹었습니다.

3 A 어디에서 술을 마셨습니까?

  B '레인보'라는 카페에서 마셨습니다.

4 A 어제 누구를 만났습니까?

  B '니시카와'라는 일본인을 만났습니다.

③ ~에 살고 있다

A 어디에 사십니까?

B '❶ 신주쿠 ❷ 이케부쿠로 ❸ 교토 ❹ 서울'에 살고 있습니다.

회화 연습

1 성함은 어떻게 되십니까?

2 실례지만, 연세가 어떻게 되십니까?

3 당신은 학생입니까, 회사원입니까?

4 (학생인 경우) 무엇을 전공하고 있습니까?

  (회사원인 경우) 어떤 일을 하고 있습니까?

5 가족은 몇 분이십니까?

6 어디에 사십니까?

제2과 ▶ 내가 선택한 직업

스즈키 이영희 씨는 어떤 일을 하고 있나요?

이영희 저는 무역 회사에서 일하고 있습니다.

스즈키 왜 무역회사를 선택했나요?

이영희 예전부터 무역 일에 관심이 있었고, 학생 때 배운 일본어도 살릴 수 있다고 생각했기 때문입니다.

스즈키 그렇습니까? 그럼, 일본어를 실제로 사용하는 일도 많습니까?

이영희 네, 거래처에 전화를 걸어, 손님과 상담을 합니다. 하지만 때때로 대화 도중에 모르는 말이 있어서 상대에게 폐를 끼치는 일도 있습니다.

스즈키 힘들겠군요.

이영희 그래서 좀 더 전문적인 공부를 하려고 생각하고 있습니다.

스즈키 그렇습니까? 분발하세요.

내용 체크

1 이영희 씨는 어떤 회사에서 일하고 있습니까?

2 이영희 씨는 왜 지금의 회사를 선택했습니까?

3 이영희 씨는 왜 전문적인 공부를 하려고 생각하고 있습니까?

❶ ～에서 일하고 있습니다.

  A 어떤 일을 하고 있나요?

  B 저는 '❶ 은행 ❷ 우체국 ❸ 시청 ❹ 음식점'에서 일합니다.

❷ ～일(경우)도 있다

  A 회사에서 일본어를 사용합니까?

  B 예, 때때로 사용하는 경우도 있습니다.

  1 A 날씨가 좋은 날은 도쿄에서 후지산이 보입니까?

     B 예, 때때로 보이는 때도 있습니다.

  2 A 일본에 출장 갑니까?

     B 예, 때때로 출장 갈 때도 있습니다

  3 A 아버님과 자주 이야기하십니까?

     B 예, 때때로 이야기할 때도 있습니다.

  4 A 술에 취합니까?

     B 예, 때때로 취할 때도 있습니다.

❸ ～려고 생각하고 있다.

  A 어떤 외국어를 공부합니까?

  B 일본어를 공부하려고 생각하고 있습니다.

  1 A 여름방학에 어디로 갑니까?

     B 일본에 가려고 합니다.

  2 A 내일, 무엇을 삽니까?

     B 원피스를 사려고 합니다.

  3 A 오늘 밤 무엇을 먹습니까?

     B 생선회를 먹으려고 합니다

  4 A 주말에 무엇을 합니까?

     B 영화를 보려고 합니다.

회화 연습

1 당신은 어떤 일을 하고 있습니까?
   (학생 : 장래에는 어떤 일을 하고 싶습니까?)

2 왜 그 일을 선택했습니까?

3 일을 하는 데에는 무엇이 중요하다고 생각합니까?
   (예 : 전문지식, 인간관계 / 체력 / 노력 / 아부)

4 당신의 어릴 때 꿈은 무엇이었습니까?

제3과 ▶ 나의 취미

김기수 오가와 씨의 취미는 무엇입니까?

오가와 제 취미는 그림을 그리는 것입니다.
       쉬는 날에는 근처 공원에 가서 스케치를 합니다.

김기수 언제부터 그림에 관심을 가졌나요?

오가와 초등학생 때부터 자주 아버지와 그렸습니다.

김기수 그러면 아버님도 그림을 좋아하셨나요?

오가와 네, 실은 아버지의 영향입니다.

김기수 그랬던 거군요. 그림 외에는 어떻습니까?

오가와 글쎄요, 악기를 연주하거나, 요리를 만들거나 하는 것도 좋아합니다.

김기수 재주가 많으시네요.

오가와 아니에요. 잘하지도 못하면서 좋아하는 것뿐이죠.

내용 체크

1 오가와 씨의 취미는 무엇입니까?

2 언제부터, 왜 시작했습니까?

3 김기수 씨는 왜 재주가 많다고 오가와 씨를 칭찬했습니까?

문형 연습

❶ ～(하는) 것입니다

  A 오가와 씨의 취미는 무엇입니까?

  B 제 취미는 그림을 그리는 것입니다.

  A 당신의 취미는 무엇입니까?

  ❶ B 제 취미는 스포츠를 보는 것입니다.

  ❷ B 제 취미는 산에 오르는 것입니다.

  ❸ B 제 취미는 꽃꽂이를 하는 것입니다.

  ❹ B 제 취미는 바둑을 두는 것입니다.

❷ ～에 흥미(관심)를 갖다

  A 언제부터 그림에 관심을 가졌나요?

  B 초등학생 때부터입니다.

  1 A 언제부터 요리에 관심을 가졌나요?

     B 고등학생 시절부터입니다.

  2 A 언제부터 뜨개질에 관심을 가졌나요?

     B 중학생 때부터입니다.

3 A 언제부터 다도에 관심을 가졌습니까?

   B 대학 시절부터입니다.

4 A 언제부터 춤에 관심을 가졌습니까?

   B 독신 시절부터입니다.

③ ~(하는) 것을 좋아합니다

A 무엇을 하는 것을 좋아합니까?

B 저는 그림 그리기를 좋아합니다.

A 무엇을 하는 것을 좋아합니까?

❶ B 저는 스웨터 짜는 것을 좋아합니다.

❷ B 저는 TV 보는 것을 좋아합니다.

❸ B 저는 드라이브하는 것을 좋아합니다.

❹ B 피아노 치는 것을 좋아합니다.

회화 연습

1 당신의 취미는 무엇입니까? 언제부터, 왜 시작했습니까?

2 당신은 한가한 시간이 있을 때 무엇을 합니까?

3 당신은 지금 무엇에 관심이 있습니까?

제4과 ▶ 미래의 계획

박순미　다나카 씨는 앞으로도 한국에서 사실 건가요?

다나카　예, 그럴 생각입니다. 박순미 씨도 아시다시피 제 처가 한국인이기 때문에 한국에서 살려고 생각하고 있습니다.

박순미　일도 지금의 일을 계속하실 건가요?

다나카　예, 당분간은 계속할 생각입니다

박순미　그럼 장래에는요?

다나카　장래에 말입니까? 저는 무역 일에 관심이 있기 때문에 기회가 있으면 무역 일을 해보고 싶습니다.

박순미　그러세요?

다나카　모처럼 한국어도 말할 수 있게 되었고 게다가 일본과 무역을 하게 되면 자주 일본에도 갈 수 있으니까요.

박순미　그렇군요. 장래에 꼭 희망이 이루어지면 좋겠네요.

내용 체크

1 다나카 씨는 앞으로 어디에서 살 계획입니까? 그것은 왜입니까?

2 다나카 씨가 장래에 하고 싶은 일은 무엇입니까?

3 다나카 씨는 왜 장래에 그 일을 하고 싶어합니까?

문형 연습

① ~할 생각(작정)

A 앞으로도 한국에서 사실 건가요?

B 예, 그럴 생각입니다.

1 A 여름방학에 일본에 갑니까?

   B 예, 일본에 갈 생각입니다.

2 A 올해 겨울에는 무엇을 합니까?

   B 스노우보드를 배울 생각입니다.

3 A 내일 세미나에 출석하십니까?

   B 예, 출석할 생각입니다.

4 A 그와 결혼합니까?

   B 아니요, 결혼하지 않을 생각입니다.

② 말할 수 있게 되다

A 한국어를 할 수 있습니까?

B 예, 말할 수 있게 되었습니다.

1 A 매운 요리를 먹을 수 있습니까?

   B 예, 먹을 수 있게 되었습니다.

2 A 자동차 운전을 할 수 있습니까?

   B 예, 운전할 수 있게 되었습니다.

3 A 한국 노래를 부를 수 있습니까?

   B 예, 부를 수 있게 되었습니다.

4 A 사교춤을 출 수 있습니까?

   B 예, 출 수 있게 되었습니다.

③ ~해 보고 싶다

A 어떤 일을 하고 싶습니까?

B 무역 일을 해 보고 싶습니다.

1 A 어떤 요리를 먹고 싶습니까?

   B 한국의 진귀한 요리를 먹어 보고 싶습니다.

2 A 어떤 차를 타고 싶습니까?

   B 이탈리아의 스포츠카를 타 보고 싶습니다

3 A 여름방학에 무엇을 하고 싶습니까?

    B 배낭여행을 해 보고 싶습니다.

4 A 일본에 가면 무엇을 하고 싶습니까?

    B 기모노를 입어 보고 싶습니다.

회화 연습

1 당신은 일본어 이외에 공부하고 싶은 것이 있습니까?

2 당신은 장래에 어떤 일을 해 보고 싶습니까? 그것은 왜입니까?

3 여러분은 미래에, 외국에서 살아 보고 싶습니까? 그것은 왜입니까?

제5과 ▶ 나의 가족

박순미   우에다 씨의 가족은 몇 명입니까?

우에다   아내와 저, 그리고 아들이 둘로 4인 가족입니다. 아들들은 아직 초등학생입니다.

박순미   실례지만, 부인은 무언가 일을 하고 있습니까?

우에다   아니요, 아무것도 하지 않고 있습니다. 하지만 요즘 아이들도 손이 덜 가게 되어 일하고 싶다고 말하고 있습니다.

박순미   그렇습니까. 그런데 우에다 씨의 부모님은 건강하십니까?

우에다   예, 덕분에. 본가 옆에는 남동생 부부도 살고 있어서, 안심입니다.

박순이   그거 잘됐군요.

내용 체크

1 우에다 씨의 가족은 몇 명입니까?

2 우에다 씨의 부인은 일하고 있습니까?

3 우에다 씨의 본가 옆에는 누가 살고 있습니까?

문형 연습

① A 와 B, 그리고

    A 가족은 몇 명입니까?

    B 아내와 저, 그리고 아들이 두 명으로, 4인 가족입니다.

❶ 남편과 저, 그리고 딸 하나와 아들 둘로, 5인 가족입니다.

❷ 아버지와 어머니 그리고 저로, 3인 가족입니다.

❸ 조부모님과 부모님 그리고 언니(누나)와 저로 6인 가족입니다.

❹ 실제 당신의 가족을 말하세요.

② ~고 싶다

요즘은 아이들(에게)도 손이 덜 가게 되어, 일하고 싶습니다.

    1 A 여름방학에 어디에 가고 싶습니까?

        B 하와이에 가고 싶습니다.

    2 A 저녁 식사는 무엇을 먹고 싶습니까?

        B 불고기가 먹고 싶습니다.

    3 A 누군가 만나고 싶은 사람이 있습니까?

        B 예, 고향의 어머니가 보고 싶습니다.

    4 A 일요일에 무엇을 하고 싶습니까?

        B 일요일에는 [자신이 하고 싶은 일을 말하세요.]

③ ~라고 말하고 있습니다

    1 A 친구는 뭐라고 말하고 있습니까?

        B 친구는 유학 가고 싶다고 말하고 있습니다.

    2 A 형은(오빠는) 뭐라고 말하고 있습니까?

        B 형은(오빠는) 새 차를 갖고 싶다고 합니다.

    3 A 다나카 씨는 뭐라고 말하고 있습니까?

        B 다나카 씨는 일본요리를 먹고 싶다고 합니다.

    4 A 아버님은 뭐라고 말하고 있습니까?

        B 아버지는 푹 쉬고 싶다고 합니다.

회화 연습

1 당신은 가족이 몇입니까?

2 당신은 누구와 함께 살고 있습니까?

3 당신 가족을 소개해 주세요.

4 요즘은 핵가족이 늘었는데, 핵가족과 대가족에 대해 어떻게 생각합니까?

자기소개 모델 만들기

1 이름, 나이, 사는 곳은?

여러분 처음 뵙겠습니다. 저는 김민수라고 합니다 올해로 35살이 되었습니다. 신촌에 살고 있습니다. 가족은 어머니와 아내, 아들 하나와, 딸 하나로 5인 가족입니다.

2 취미는?

취미는 여행입니다. 지금까지는 주로 국내여행을 중심으로 해 왔지만, 이제부터는 해외에도 나가 보려고 생각합니다.

3 저는 ~회사(학교)에 다니고 있습니다.

◇ 저는 출판사에 근무합니다.

◆ 저는 무역회사에 근무합니다.

◇ 저는 A학교에 다닙니다.

4 부서(전공)는 ~입니다

◇ 부서는 편집부입니다.

◆ 부서는 영업부입니다.

◇ 학과는 일본어학과입니다.

5 어떤 일을 한다

◇ 기획을 하여 필자로서의 적임자를 찾고, 원고를 의뢰해 읽기 쉽게 편집하는 일입니다.

◆ 최상급의 물건을 골라 해외의 필요한 고객을 찾아 양쪽 모두 만족할 수 있는 가격으로 거래할 수 있도록 교섭하는 일입니다.

◇ 아직 일본어가 서투르므로, 일본어를 자유자재로 사용할 수 있도록 열심히 공부합니다.

6 어릴 때는 어떤 일을 하고 싶었나?

◇ 저는 원래 교사가 되고 싶었지만 교사가 되지 못해 교육과 관계 있는 어학전문 출판사를 선택했습니다. 책을 통해서도 간접적인 교육활동이 가능하다고 판단했기 때문입니다.

◆ 어릴 때는 외교관이 되어 세계의 여러 곳을 가보고 싶은데, 지금 하는 무역 일도 그것을 할 수 있어서 만족합니다.

◇ 중학생 때 세계의 여러 나라 말을 배워 전세계를 여행하고 싶었습니다.

7 직업인(학생)으로서의 최종 목표는 무엇인가?

◇ 언젠가는 평생 기억에 남는 좋은 책을 기획 · 편집하고 싶습니다. 다행히 요즘에는 일반 단행본도 출판하고 있어, 영역이 더욱 넓어져, 나 스스로의 노력에 따라 바라는 책을 만드는데에 좋은 조건이 되었다고 생각합니다.

◆ 세계의 톱 영업맨이 되는 것과 함께, 경영 쪽에도 관심을 갖고, 한국 또는 세제 제일의 CEO가 되고 싶습니다.

◇ 일본어를 자유자재로 사용할 수 있게 되는 것뿐 아니라 일본이라는 나라나 그 문화 등을 이해하고, 두 나라에 도움이 되는 사람이 되고 싶습니다.

제6과 ▶ 스포츠

박순미 다나카 씨, 일본에서 인기 있는 스포츠는 무엇입니까?

다나카 일본에서는 야구와 축구가 인기가 있습니다.

박순미 스모는 어떻습니까?

다나카 예, 스모도 역시 야구와 축구만큼은 아니지만, 인기가 있는 스포츠입니다.

박순미 그렇습니까? 다나카 씨도 자주 봅니까?

다나카 예, TV 중계가 있을 때는 자주 봅니다.

박순미 그런데, 다나가씨는 주로 어떤 운동을 합니까?

다나카 저는 수영을 좋아해서 일주일에 두 번 정도는 수영하고 있습니다.

박순미 그러면, 수영 솜씨는 꽤 좋겠군요.

다나카 수영하는 것에 관해서는 조금 자신이 있습니다. 제 별명도 '갓파'라고요.

박순미 와아! 그거 굉장하네요

내용 체크

1 일본에서 인기가 있는 스포츠는 무엇입니까?

2 다나카 씨는 스모를 자주 봅니까?

3 다나카 씨는 수영을 잘합니까?

1 ~만큼은 아니지만

A 스모도 인기가 있습니까?

B 축구만큼은 아니지만 인기가 있습니다.

1 A 올해 여름도 덥네요.

   B 예, 작년 여름만큼은 아니지만, 덥습니다

2 A 한국어는 어렵네요

   B 예, 영어만큼은 아니지만, 어렵습니다.

3 A 이번 선생님, 좀 뚱뚱하네요.

   B 예, 이전 선생님만큼은 아니지만, 뚱뚱하네요.

4 A 일본에서는 한국 영화도 인기가 있습니까?

   B 예, 미국 영화만큼은 아니지만, 인기가 있습니다.

2 ~에 관해서는

A 수영 꽤 잘하시네요.

B 수영하는 것에 관해서는 자신이 있습니다.

1 A 매운 요리는 괜찮습니까?

   B 예, 매운 것을 먹는 것에 관해서는 자신이 있습니다.

2 A 그에 관해 잘 알고 있습니까?

   B 아니요, 그에 관해서는 잘 모릅니다.

3 A 이번 조사는 어떻게 되었습니까?

   B 그 조사에 관해서는 내일 보고하겠습니다.

4 A 요리 잘하시네요.

   B 요리를 만드는 것에 관해서는 자신이 있습니다.

회화 연습

1 당신은 어떤 스포츠를 좋아합니까? 왜 좋아합니까? 왜 싫어합니까?

2 한국에서 인기가 있는 스포츠는 무엇입니까? 왜 인기가 있습니까?

3 해 보고 싶은 스포츠가 있습니까? 그것은 어떤 스포츠입니까?

제7과 ▶ 영화

다나카 박순미씨는 영화를 좋아합니까?

박순미 예, 좋아해서 자주 보러 갑니다

다나카 어떤 영화를 좋아합니까?

박순미 액션영화나 공포영화, 애니메이션 등 장르에 관계없이 보는데 액션영화만큼 재미있는 것은 없다고 생각합니다

다나카 그렇습니까? 그러면 박순미 씨가 지금까지 본 일본영화 중에서 제일 인상에 남아있는 영화는 무엇입니까?

박순미 기타노 감독에 의해 촬영된 '하나비'라는 영화입니다. 마지막 장면이 감동적이었습니다.

다나카 베네치아영화제에서 그랑프리를 받은 영화였죠. 저도 봤는데, 정말로 감동적이었습니다.

내용 체크

1 박순미 씨가 가장 좋아하는 영화는 어떤 영화입니까?

2 박수미 씨가 본 일본영화 중에서 가장 인상에 남아있는 영화는 무엇입니까?

3 왜 박수미 씨는 그 명화가 인상에 남아 있습니까?

문형 연습

1 ~만큼 ~것이 없다

A 액션영화를 좋아합니까?

B 예, 액션영화만큼 재미있는 것은 없다고 생각합니다.

1 A 매일 조깅을 합니까?

   B 예, 조깅만큼 건강에 좋은 스포츠는 없다고 생각합니다.

2 A 내일은 시험이 있다는군요.

   B 그렇습니까? 시험만큼 싫은 것은 없다고 생각합니다.

3 A 개는 정말로 영리하군요.

   B 예, 개만큼 영리한 동물은 없다고 생각합니다.

4 A 인터넷은 편리하군요.

   B 그렇죠. 인터넷만큼 편리한 것은 없다고 생각합니다.

❷ ~ 중에서 ~이 가장

A 어떤 일본영화가 인상에 남아 있습니까?

B 일본영화 중에서 '하나비'라는 영화가 가장 인상에 남아 있습니다.

1 A 고등학생 시절 누구와 친했나요?

B 고등학생 시절 친구들 중에서 사토와 가장 친했습니다. 2

A

형제 중에서 누가 키가 큽니까?

B 형제 중에서 내가 키가 가장 큽니다.

3 A 어떤 외국어가 공부하기 쉽습니까?

B 외국어 중에서 일본어가 가장 공부하기 쉽습니다.

4 A 한국요리는 좋아합니까?

B 한국요리 중에서 김치찌개를 가장 좋아합니다.

❸ ~에 의해 ~된

A 누가 촬영한 영화입니까?

B 기타노 감독에 의해 촬영된 영화입니다.

1 A 이 그림은 누기 그린 그림입니끼?

B 이 그림은 피카소에 의해 그려진 그림입니다.

2 A 이 건물은 누가 지은 것입니까?

B 이 건물은 가우디에 의해 지어진 건물입니다.

3 A 이 옷은 누가 디자인한 것입니까?

B 이 옷은 앙드레 김에 의해 디자인 된 옷입니다.

4 A 기독교는 어떤 사람이 전한 종교입니까?

B 기독교는 선교사에 의해 전해진 종교입니다.

회화 연습

1 당신은 어떤 영화를 좋아합니까?

2 당신은 영화를 볼 때 누구와 함께 봅니까?

3 지금까지 본 영화 중에서 인상에 남아 있는 영화가 있습니까? 그것은 무슨 영화입니까?

4 당신이 좋아하는 배우는 누구입니까?

제8과 ▶ 음악

박순미 다나카 씨, 일본 젊은이들은 어떤 음악을 좋아합니까?

다나카 글쎄요. 미국이나 유럽의 히트 차트에 들어 있는 곡이나 일본 대중음악 등을 좋아하는 것 같아요.

박순미 그럼 그런 음악은 노래방에서도 자주 부릅니까?

다나카 예, 일본에서는 노래방이 구석구석까지 보급되어 있기 때문에 가족이나 친구와 함께 즐기고 있습니다.

박순미 그렇습니까?

다나카 한국에서도 일본과 마찬가지로 노래방이 인기가 있다고 들었습니다만….

박순미 예, 그렇습니다. 한국에서도 일본과 마찬가지로 도처에 노래방이 있기 때문에 모두가 즐기고 있습니다.

다나카 그럼 우리도 오늘 밤 모두 불러 노래자랑이라도 열어 볼까요?

박순미 좋죠. 즉시 연락해 봅시다.

내용 체크

1 일본 젊은이는 어떤 음악을 좋아합니까?

2 일본에서는 노래방을 어떤 사람들이 즐깁니까?

3 두 사람은 오늘 밤 친구를 불러 무엇을 합니까?

문형 연습

❶ ~이나 ~이나

A 어떤 음악을 좋아합니까?

B 히트곡이나 일본 대중음악 등을 좋아합니다.

1 A 토산품은 무엇이 좋습니까?

B 김치나 고려인삼 등이 좋습니다.

2 A 술 안주는 무엇이 좋습니까?

B 신선한 생선회나 구운 생선 등이 좋습니다.

3 A 다이어트를 하려면 어떻게 하면 됩니까?

B 식사 제한이나 운동 등이 좋습니다.

4 A 매일 먹는 것으로는 무엇이 좋습니까?

B 자연식이나 전통식 등이 좋습니다.

❷ ~한 것 같다

A 그는 어떤 음악을 좋아하나요?

B 대중음악을 좋아하는 것 같아요.

1 A 그는 어떤 요리를 좋아합니까?

　 B 매운 요리를 좋아하는 것 같아요.

2 A 그녀는 무슨 일 있어요?

　 B 감기에 걸린 것 같아요.

3 A 다나카 씨는 벌써 귀가하셨습니까?

　 B 이미 귀가한 것 같아요.

4 A 그녀는 결혼했습니까?

　 B 결혼한 것 같아요.

❸ ~해 보다

A 모두에게 연락해 주시겠습니까?

B 예, 즉시 연락해 봅시다.

1 A 이거 일본에서 인기 있는 가수의 CD인데요.

　 B 그렇습니까? 즉시 들어봅시다.

2 A 저기에 새로운 레스토랑이 생겼습니다

　 B 그럼 즉시 가 봅시다.

3 A 이거 이번 달 신간이에요.

　 B 재미있을 것 같네요. 즉시 읽어 봅시다.

4 A 이것은 이번 달 새로 시판된 소주입니다.

　 B 그렇습니까? 그럼 즉시 마셔 봅시다.

회화 연습

1 당신은 노래를 부르거나 듣거나 하는 것을 좋아합니까?

2 당신은 어떤 음악을 좋아합니까?

3 당신은 콘서트나 음악회에 간 적이 있습니까? 어땠습니까?

4 당신은 연주를 할 수 있습니까? 그것은 어떤 악기입니까?

제9과 ▶ 여행

김기수　야마다 씨 여행을 떠난다면서요?

야마다　예, 다음 주 여름휴가를 이용해서 갑니다

김기수　그런데 어디로 가십니까?

야마다　강원도입니다. 2박3일로 설악산과 속초에 가려고 생각하고 있습니다

김기수　와, 산도 바다도 말입니까? 일석이조군요.

야마다　좋겠죠? 설악산에서는 등산도 할 계획입니다.

김기수　그런데 야마다 씨는 등산을 한 적이 있습니까?

야마다　해 본 적은 없지만, 친구의 이야기에 따르면 함께 가는 이 선생이 등산에 능숙하다고 해서 안심입니다.

김기수　그렇습니까? 그럼 등산용품도 준비했습니까?

야마다　예, 얼마 전 백화점 세일할 때 사 두었습니다.

김기수　만반의 준비를 하셨군요.

내용 체크

1 야마다 씨는 어떤 휴가를 이용해서 여행을 갑니까?

2 야마다 씨는 설악산에서 무엇을 할 계획입니까?

3 야마다 씨는 등산용품을 지금부터 삽니까?

문형 연습

❶ ~라더군요

A 야마다 씨 여행 간다고 하더군요.

B 예, 다음 주에 다녀옵니다.

1 A 다음 주 테스트가 있다고 하더군요.

　 B 응, 나도 들었어.

2 A 저 가게의 요리는 맛있다고 하더군요.

　 B 나도 한 번 먹어본 적이 있는데, 맛있었어

3 A 다음 주부터 장마에 들어간다고 하더군요.

　 B 응, 나도 일기예보에서 들었어.

❷ ~에 의하면 ~라고 합니다

A 야마다 씨는 등산에 익숙합니까?

B 친구 말에 의하면 이 선생은 등산에 익숙하다고 합니다.

1 A 저 사람은 누구입니까?

　 B 저 사람은 선생님 말씀에 의하면 교환유학생이라고 합니다.

2 A 부장님은 언제 이사하십니까?

　 B 야마다 씨의 말에 의하면 일요일에 한다고 합니다.

3 A 김기수 씨는 학교를 졸업하면 프로선수가 됩니까?

B 김기수 씨 이야기에 의하면 프로는 되지 않을 거랍니다.

❸ ~해 두다

A 등산용품도 준비했습니까?

B 예, 세일할 때 사 두었습니다.

1 A 어떤 술을 준비하면 됩니까?

B 맥주를 준비해 두세요.

2 A 다음 달 해외여행을 합니다.

B 그럼 그 나라의 인사말을 외워 두면 좋아요.

3 A 태풍이 온다고 합니다.

B 그럼, 먹을 것과 마실 것을 사 둡시다.

4 A 올 시월에 결혼합니다.

B 그럼, 예정에 넣어 두겠습니다.

회화 연습

1 당신은 자주 여행을 합니까?

2 당신은 지금까지 어떤 곳을 여행했습니까? 누구와 함께 갔습니까?

3 여행에 가서 어떤 토산품을 샀습니까?

4 10일간 여행을 한다면, 어디로 어떤 여행을 하고 싶습니까?

제10과 ▶ 요리

김기수 후미코 씨. 최근에 TV요리 프로그램이 늘었죠?

후미코 예, 저도 자주 보는데, 반찬 만드는 법을 알려 주는 프로그램도 있고 세계의 진귀한 요리를 소개하는 프로그램도 있어요.

김기수 그중에는 보는 것만으로도 군침이 나올 것 같은 요리도 있지요.

후미코 어머, 김기수 씨도 참! 그래도 김기수 씨가 말한 것처럼 정말로 맛있을 것 같아요.

김기수 후미코 씨도 TV에서 본 요리를 만들어 본 일이 있습니까?

후미코 예, 녹화해 두었다가 때때로 나중에 만들어 봅니다.

김기수 잘 됩니까?

후미코 정말로 맛있는지 어떤지는 모르겠지만 남편은 맛있다고 말하며 먹어 줍니다.

김기수 다정한 남편이군요.

내용 체크

1 최근 어떤 요리 프로그램이 늘어났습니까?

2 요리 프로그램의 요리는 맛있을 것 같습니까?

3 후미코 씨가 요리 프로그램을 보고 만든 요리는 맛있습니까?

문형 연습

❶ ~도 있고 ~도 있다

A 어떤 요리 프로그램이 있습니까?

B 반찬 만드는 법을 가르쳐 주는 프로그램도 있고 세계의 진귀한 요리를 소개하는 프로그램도 있습니다

1 A 이 가게에는 어떤 요리가 있습니까?

B 생선 요리도 있고 고기 요리도 있습니다.

2 A 매일 아침 일찍 일어납니까?

B 일찍 일어날 때도 있고 늦게 일어날 때도 있습니다.

3 A 주식은 벌이가 됩니까?

B 벌이가 될 때도 있고 손해를 볼 때도 있습니다.

4 A 일은 잘 됩니까?

B 잘 될 때도 있고 잘 되지 않을 때도 있습니다.

❷ ~할지 어떨지 모른다

A 맛있게 됩니까?

B 정말로 맛있는지 어떤지 모릅니다.

1 A 그는 오늘 출석합니까?

B 글쎄요, 출석할지 어떨지 모르겠습니다.

2 A 오늘 밤은 비가 옵니까?

B 글쎄요, 올지 어떨지 모르겠습니다.

3 A 저 새로 생긴 레스토랑은 맛있습니까?

B 글쎄요, 맛있을지 어떨지 모르겠습니다.

4 A 그녀는 애인이 있습니까?

B 글쎄요, 있을지 어떨지 모르겠습니다.

1 당신은 어떤 요리를 좋아합니까? 어째서 그 요리를 좋아합니까?

2 당신은 싫어하는 음식이 있습니까? 그것은 무엇입니까?

3 한국의 아내들이 잘 만드는 요리 베스트 3는 무엇입니까?

4 당신은 요리를 만들 수 있습니까? 어떤 요리를 만들 수 있습니까?

좋아하는 것 말하기 모델 만들기

1 좋아하는 것은?

◇ 저는 스포츠를 좋아합니다.

◆ 저는 영화를 좋아합니다.

◇ 저는 음악을 좋아합니다.

2 그중에서도 제일좋아하는 것은?

◇ 스포츠 중에서도 축구를 가장 좋아합니다.

◆ 영화 중에서도 공포영화를 가장 좋아합니다.

◇ 음악 중에서도 클래식을 가장 좋아합니다.

3 왜 좋아하는가?

◇ 축구는 다이내믹하고, 단체로 하는 스포츠이기 때문에 협동 정신도 기를 수 있습니다. 게다가 보는 것만으로도 정말 재미있습니다.

◆ 공포영화를 좋아하는 것은 일상생활 속에서는 좀처럼 경험할 수 없는 세계와 만날 수 있고, 긴장감 넘치는 느낌이 너무 좋기 때문입니다.

◇ 보통은 가요를 듣는 편이지만, 클래식은 마음을 위로해 주는 느낌이 있어서 때때로 듣습니다.

4 주로 언제?

◇ 축구는 일요일 아침 일찍부터 11시 쯤까지 합니다.

◆ 영화는 보통 금요일 밤에 봅니다. 토·일요일이 휴일이므로, 일 때문에 피곤해도 가장 여유가

있기 때문입니다.

◇ 클래식은 괴로울 때나 왠지 모르게 슬플 때 또는 마음 편하게 쉬고 싶을 때 등 일주일에 두세 번 듣습니다.

5 누구와 어디에서?

◇ 축구 클럽이 있는데, 50명 정도 됩니다. 운동장은 고등학교 운동장을 빌려 씁니다. 사회체육이라 하여 일요일이라도 개방해 줍니다.

◆ 영화는 친구와 영화관에서 봅니다. 단, 너무 바빠서 보고 싶은 영화를 못 봤을 때는 DVD를 빌려 봅니다.

◇ 클래식은 주로 집에서 혼자 듣는데, 친구 중에서 클래식을 좋아하는 친구가 있어서 가끔은 함께 듣는 일도 있습니다.

6 다른 좋아하는 것은?

◇ 축구 외에는 인라인 스케이트를 좋아합니다.

◆ 영화 외에는 여행을 좋아합니다.

◇ 클래식 외에 좋아하는 것은 따로 없습니다.

7 이유는?

◇ 인라인 스케이트는 운동도 되고 스릴이 있어서 좋습니다.

◆ 때로는 영화에 나오는 장소까지 가 보기도 합니다.

◇ 다른 것에는 별로 마음이 내키지 않습니다.

제11과 ▶ 일본어 공부

다나카 박순미 씨는 언제부터 일본어 공부를 시작했나요?

박순미 고등학교 3학년 때입니다. 친구에게서 일본 애니메이션을 빌려 본 것이 계기입니다.

다나카 그럼 어떤 방식으로 공부했나요?

박순미 맨 처음에는 교재를 보면서 독학으로 공부했습니다. 그리고 고등학교 졸업 후에는 시내에 있는 일본어학교를 다녔습니다.

다나카 본격적으로 배우기 시작한 이후 어떠셨습니까?

박순미 처음에는 한국어와 어순도 같고, 문법도 많이
　　　 비슷해서 쉽다고 생각했는데, 하면 할수록 어
　　　 려워져서 힘들었습니다.
다나카 그러셨습니까? 일본어는 가타카나 단어도 많
　　　 고 한자 읽는 법도 다양해서 힘들지도 모르겠
　　　 네요.

내용 체크

1 박순미 씨는 언제부터 일본어 공부를 시작했습니까?

2 왜 일본어 공부를 시작했습니까?

3 왜 일본어 공부는 하면 할수록 어려워집니까?

문형 연습

1 ～하면서

　A 어떻게 공부했습니까?

　B 교재를 보면서 공부했습니다

　1 A 어떻게 공부했습니까?

　　 B 인터넷 사이트를 보면서 공부했습니다.

　2 A 오전에 무엇을 했습니까?

　　 B 음악을 들으면서 청소를 했습니다.

　3 A 오후에는 무엇을 했습니까?

　　 B 콧노래를 부르면서 요리를 만들었습니다.

　4 A 친구와 무엇을 했습니까?

　　 B 커피를 마시면서 수다를 떨었습니다.

2 처음에는 ～지만, 점점 ～해진다

　A 일본어는 어떻습니까?

　B 처음에는 쉬웠지만 점점 어려워졌습니다.

　1 A 대학생활은 어떻습니까?

　　 B 처음에는 즐거웠지만, 점점 재미없어졌습니다.

　2 A 이번에 이사한 동네는 어떻습니까?

　　 B 처음에는 살기 힘들었지만, 점점 살기 편해졌
　　　 습니다.

　3 A 이번에 산 도구는 어떻습니까?

　　 B 처음에는 편리하다고 생각했지만, 점점 불편
　　　 해졌습니다.

　4 A 새로운 사무원은 어떻습니까?

　　 B 처음에는 열심히 했지만, 점점 게으름피우게
　　　 되었습니다.

회화 연습

1 여러분은 왜 일본어 공부를 시작했습니까? 그것은
　 언제입니까?

2 일본어 공부에서 어려운 점은 무엇입니까?

3 일본어를 공부하고 나서 일본의 어떤 점을 알게 되었
　 습니까?

제12과 ▶ 생일

박순미 사토 씨의 생일은 언제입니까?

사 토 제 생일은 4월 20일입니다. 올해 38살이 되었
　　　 습니다.

박순미 올해 생일은 어땠습니까?

사 토 가족과 친구들이 축하해 주었습니다.

박순미 그럼, 선물도 받았나요?

사 토 예, 꽃다발과 넥타이를 받았습니다.

박순미 와! 부럽네요.

사 토 게다가 카메라맨 친구가 파티 때, 멋진 사진을
　　　 많이 찍어 주었습니다.

박순미 그거 좋은 추억이 되었겠네요.

내용 체크

1 사토 씨는 올해 몇 살이 되었습니까?

2 사토 씨의 생일에 누가 축하해 주었습니까?

3 사토 씨의 생일에 카메라맨 친구는 무엇을 해 주었습
　 니까?

문형 연습

1 ～이(가) 되다

　A 사토 씨는 몇 살입니까?

　B 올해 38살이 되었습니다.

　1 A 공사가 끝났군요.

　　 B 네, 공사가 끝나서 주변이 조용해졌습니다.

　2 A 이 마을에도 지하철이 생겼군요.

　　 B 네, 지하철이 생겨서 편리해졌습니다.

　3 A 저 가수의 노래, 매우 히트했죠.

　　 B 그래서 그녀는 유명해졌습니다.

4 A 매일 아침, 조깅을 하고 있나요?

    B 예, 덕분에 건강해졌습니다.

② ～에게서 ～을 받다

    A 어떤 선물을 받았나요?

    ❶ B 애인에게서 귀걸이를 받았습니다.

    ❷ B 동료에게서 시계를 받았습니다.

    ❸ B 후배에게서 스웨터를 받았습니다.

    ❹ B 친구에게서 책을 받았습니다.

③ ～해 주다(남이 나에게)

    A 생일은 어땠습니까?

    B 모두가 축하해 주었습니다.

    1 A 혼자서 일본어 편지를 썼나요?

        B 아니요, 다나카 씨가 써 주었습니다.

    2 A 이 요리 김○○ 씨가 만들었나요?

        B 아니요, 노리코 씨가 만들어 주었습니다.

    3 A 이 테이프 누가 녹음했습니까?

        B 다나카 씨가 녹음해 주었습니다.

    4 A 김○○ 씨, 이 한자 용케 알았군요.

        B 실은 다나카 씨가 가르쳐 주었습니다.

회화 연습

1 당신 생일은 언제입니까? 그것은 양력입니까 음력입니까?

2 생일에 어떤 선물을 받았습니까?

3 당신은 생일에 무엇을 먹습니까?

4 이번 생일에 받고 싶은 것이 있습니까? 그것은 무엇입니까?

제13과 ▶ 나의 친구

김기수   노리코 씨는 사이가 좋은 친구가 몇 명 정도 있나요?

노리코   글쎄요, 친구는 별로 많은 편은 아니지만 세 명 있습니다. 세 명 모두 오랫동안 사귀고 있는 친구예요.

김기수   그렇습니까? 언제부터 친구인가요?

노리코   모두 중학생 시절 동창생으로, 3년 동안 같은 반이었습니다.

김기수   와, 그럼 벌써 10년 이상이군요.

노리코   네, 그렇습니다.

김기수   지금도 자주 만나고 있나요?

노리코   요즘은 바빠서 별로 만나지 못하지만, 만나면 수다를 떨거나 고민거리 상담에 응하기도 합니다.

김기수   그거 좋군요.

내용 체크

1 노리코 씨는 친구가 많은 편입니까?

2 노리코 씨의 친한 친구는 언제부터의 친구입니까?

3 노리코 씨는 요즘 왜 별로 친구를 못 만납니까?

문형 연습

① ～(하는) 편이다

    A 친구는 많습니까?

    B 별로 많은 편은 아닙니다

    1 A 아버지는 엄격합니까?

        B 아니요, 별로 엄격한 편은 아닙니다.

    2 A 가리는 것이 있습니까?

        B 아니요, 별로 가리는 것이 없는 편입니다.

    3 A 한국인은 정이 깊습니까?

        B 예, 정이 깊은 편입니다.

    4 A 일본인은 근면합니까?

        B 예, 근면한 편입니다.

② ～해서

    A 친구를 자주 만납니까?

    B 최근, 바빠서 별로 만나지 못합니다.

    1 A 이 책을 읽을 수 있습니까?

        B 아니요, 이 책은 어려워서 읽을 수 없습니다.

    2 A 이 기계는 사용할 수 있습니까?

        B 아니요, 이 기계는 낡아서 사용할 수 없습니다.

    3 A 이 요리를 먹을 수 있습니까?

        B 아니요, 이 요리는 매워서 먹을 수 없습니다.

    4 A 조금 더 걸을 수 있습니까?

        B 아니요, 다리가 아파서 걸을 수 없습니다.

③ ~하기도 하고 ~하기도 한다

   A 친구를 만나면 무엇을 합니까?

   B 수다를 떨기도 하고 상담에 응하기도 합니다.

  1 A 일요일에 무엇을 합니까?

      B DVD를 보기도 하고 책을 읽기도 합니다.

  2 A 주말에 무엇을 합니까?

      B 쇼핑을 하기도 하고 데이트를 하기도 합니다.

  3 A 회사에서는 어떤 일을 합니까?

      B 서류를 작성하기도 하고 회의 준비를 하기도 합니다.

  4 A 여름방학에는 무엇을 합니까?

      B 일본어를 배우기도 하고 봉사활동을 하기도 합니다.

회화 연습

1 당신은 친구가 많습니까?

2 친구와는 언제부터 사귀었습니까?

3 친구를 만날 때 무엇을 합니까?

4 친구의 어떤 점이 당신에게 맞습니까?

5 친구와 싸움을 한 적이 있습니까? 이유는 무엇입니까?

제14과 ▶ 결혼

다나카 김 선생님, 한국 사람은 대체로 몇 살에 결혼을 합니까?

김기수 사람에 따라 다른데요. 남자는 대개 30세정도입니다. 한국은 병역 때문에 일본 남자보다 조금 늦게 할지도 모릅니다.

다나카 그렇습니까? 실례지만 김 선생님의 경우는?

김기수 저의 경우는 대학 졸업 후 바로 결혼식을 올렸습니다.

다나카 와 대단하군요. 졸업 후 바로 말입니까?

김기수 예, 겸연쩍은 얘기지만 아내가 연상이었거든요.

다나카 부럽군요.

김기수 무엇이 말입니까?

다나카 김 선생님의 부인 말이에요. 일본에서는 연상의 신부는 '금 짚신을 신고라도 찾아라'라는 말이 있을 정도로 귀중하다고 하거든요.

내용 체크

1 한국 남성은 왜 일본인보다 결혼이 늦습니까?

2 김기수 씨는 언제 결혼했습니까?

3 김기수 씨는 왜 일찍 결혼했습니까?

문형 연습

① ~에 따라

   A 몇 살 정도에 결혼합니까?

   B 사람에 따라 다르지만, 대개 30살 정도입니다.

  1 A 오늘은 비가 옵니까?

      B 곳에 따라 다르지만, 비가 온다고 합니다.

  2 A 이 사건, 재판소(법원)에 고소합니까?

      B 상대방의 태도에 따라 다르지만, 재판소(법원)에 고소할 겁니다.

  3 A 스케줄 변경은 없습니까?

      B 날씨에 따라 다르지만, 스케줄을 변경합니다.

② ~할지도 모르다

   A 시간대로 출발합니까?

   B 아니요, 조금 늦어질지도 모르겠습니다.

  1 A 인도에 일식집이 있습니까?

      B 인도에는 일식집이 없을지도 모릅니다.

  2 A 오늘 밤 비가 옵니까?

      B 예, 오늘 밤에 비가 올지도 모릅니다.

  3 A 오늘 손님이 옵니까?

      B 예, 손님이 올지도 모릅니다.

  4 A 저 분은 사장입니까?

      B 옷차림을 보니 저 사람이 사장일지도 모릅니다.

③ ~이니까요(강조)

   A 어째서 빨리 결혼하셨습니까?

   B 아내가 연상이었으니까요.

  1 A 왜 결석했습니까?

      B 딸이 감기에 걸려서요.

  2 A 왜 택시로 오셨습니까?

      B 길을 몰라서요.

  3 A 왜 사셨습니까?

      B 점원이 편리하다고 해서요.

1 당신은 결혼했습니까?

2 (결혼한 사람) 몇 살에 결혼했습니까?

(결혼하지 않은 사람) 몇 살 정도에 결혼하려고 생각하고 있습니까?

3 당신은 어떤 결혼식을 하고 싶습니까?

(예) 멋진 결혼식, 검소한 결혼식. 전통적인 결혼식)

4 당신이 결혼을 결정하는(결정했던) 조건은 무엇입니까?

제15과 ▶ 애완동물

박순미 니시다 씨는 동물을 길러 본 적이 있습니까?

니시다 예, 어릴 적에 개를 기른 적이 있습니다. 가족 모두가 먹이를 주거나 산책을 시키거나 하면서 귀여워했습니다.

박순미 무슨 이름이었습니까?

니시다 이름은 에스라고 하는데, 대단히 영리한 개였습니다.

박순미 그럼 그 에스와의 추억도 많지 않으세요?

니시다 예, 제가 유치원에서 돌아오면 매일 집 문앞에서 나를 기다려 주던 일을 지금도 잘 기억하고 있습니다.

박순미 정말로 영리한 개였군요.

니시다 예, 에스는 몸집도 컸기 때문에, 제가 에스의 등에 올라타서 놀던 사진도 남아 있습니다. 그래서 그 에스가 죽었을 때에는 정말로 슬펐습니다.

박순미 그렇습니까? 그거 유감스럽군요.

내용 체크

1 니시다 씨는 언제 개를 길렀습니까?

2 니시다 씨가 기른 에스는 어떤 개였습니까?

3 에스가 죽었을 때 니시다 씨는 어떤 기분이었습니까?

문형 연습

❶ ~시키다(사역형)

A 개를 어떻게 키웠습니까?

B 먹이를 주거나 산책을 시키거나 했습니다.

1 A 연회 때 부하 직원에게 무엇을 시켰습니까?

B 부하에게 노래를 부르게 했습니다.

2 A 선생님은 학생에게 무엇을 시켰습니까?

B 학생에게 한자를 외우게 했습니다.

3 A 선배는 후배에게 무엇을 시켰습니까?

B 후배에게 빨래를 하게 했습니다.

❷ ~하게 여기다(~해하다)

A 어떻게 키우셨습니까?

B 모두가 대단히 귀여워했습니다.

1 A 애완동물이 죽어 버려서 그녀는 어땠습니까?

B 대단히 슬퍼했습니다.

2 A 혼자 살기 시작한 그는 어땠습니까?

B 몹시 쓸쓸해했습니다.

3 A 새로운 회사에 취직한 그는 어떻습니까?

B 대단히 기뻐했습니다.

❸ ~하게 되다(수동 표현)

A 에스가 죽었을 때는 어떠셨습니까?

B 에스가 죽게 되어서 정말로 슬펐습니다

1 A 오늘 아침에는 비가 왔군요.

B 예, 비를 맞아 난처했습니다.

2 A 오늘은 비서 분이 쉬었습니까?

B 예, 비서가 쉬어서 매우 곤란했습니다.

3 A 밤늦게 친구가 와 있던 것 같던데요.

B 밤늦게 친구가 와서 정말 곤란했습니다.

회화 연습

1 여러분은 동물이나 새를 좋아합니까? 그것은 왜입니까?

2 동물이나 새를 기른 적이 있습니까?

3 애완동물을 기른다면 어떤 애완동물을 기르고 싶습니까?

4 한국의 옛날이야기에는 어떤 동물이 자주 나옵니까?

제16과 ▶ 쇼핑

요시다 영희 씨는 자주 쇼핑을 합니까?

이영희 예, 쇼핑을 대단히 좋아합니다.

요시다 그럼 매달 용돈이 부족하지 않나요?

이영희 아니요, 실은 쇼핑이라고 해도 제가 좋아하는 것은 윈도 쇼핑입니다.

요시다 아이! 그래요? 그래도 여러 가지 옷을 보고 있자면 자기도 모르게 갖고 싶어져서 충동구매 해 버리는 일도 있지 않습니까?

이영희 예, 얼마 전에도 흰 원피스를 사고 말았어요.

요시다 백화점에서 샀습니까?

이영희 아니요, 동대문시장에서 샀습니다. 시장에서도 잘 고르면 백화점 상품과 그다지 차이가 없는 것을 살 수 있거든요.

요시다 영희 씨는 쇼핑에 능하시군요.

이영희 아직 부모님께 의지해 살기 때문이죠.

내용 체크

1 영희 씨가 좋아하는 것은 무엇입니까?

2 영희 씨는 충동구매로 무엇을 샀습니까?

3 영희 씨는 왜 시장에서 쇼핑을 합니까?

문형 연습

① ~면(가정)

A 어떤 때 충동 구매를 합니까?

B 옷을 보고 있으면 그만 갖고 싶어져 버리죠.

1 A 할아버지는 산책 나가셨습니까?

B 예, 날씨가 좋으면 산책을 갑니다.

2 A 이웃집 개는 잘 짖는군요.

B 예, 모르는 사람을 보면 잘 짖습니다.

3 A 머리가 아프십니까?

B 예, 술을 마시면 머리가 아파집니다.

② ~해 버리다

A 무엇을 샀습니까?

B 원피스를 사고 말았어요.

1 A 이 책 읽으셨습니까?

B 예, 이미 읽어 버렸습니다.

2 A 논문 벌써 쓰셨습니까?

B 예, 벌써 전부 써 버렸습니다.

3 A 아이들은 벌써 잠들었습니까?

B 예, 피곤해서 잠들어 버렸습니다.

4 A 버스 안에 우산을 잊고 내렸습니까?

B 예, 버스 안에 우산을 잊고 내리고 말았습니다.

③ ~하면(가정)

A 시장의 물건은 어떻습니까?

B 잘 고르면 좋은 것을 살 수 있습니다.

1 A 잘 보입니까?

B 예, 안경을 쓰면 잘 보입니다.

2 A 다음 주 등산 가십니까?

B 예, 다리가 아프지 않으면 갑니다.

3 A 잘 팔립니까?

B 품질이 좋으면 잘 팔립니다.

회화 연습

1 당신은 자주 쇼핑하러 갑니까? 누구와 함께 갑니까?

2 당신은 사고 싶은 것이 있을 때 어디에서 삽니까?

3 쇼핑을 할 때 무엇을 중시합니까?

   (가격, 브랜드, 품질, 유행 등)

4 지금 무언가 가지고 싶은(사고 싶은) 것이 있습니까?

제17과 ▶ 아르바이트

박순미 다나카 씨는 아르바이트를 한 적이 있습니까?

다나카 예, 학창시절에 자주 했습니다.

박순미 어떤 아르바이트를 했습니까?

다나카 가정교사나 접시 닦기 등 여러 가지를 했습니다.

박순미 잊히지 않는 아르바이트가 있습니까?

다나카 예, 콘서트 공연장 준비를 하는 아르바이트를 했는데, 무거운 기자재를 나르거나 높은 장소에 라이트를 설치하는 등, 아주 힘들었습니다.

박순미 그렇습니까? 힘드셨겠네요

다나카 그래도 콘서트는 공짜로 볼 수 있었고, 아르바이트비도 좋았기 때문에 한 보람이 있었습니다

박순미 그거 다행이네요.

1 다나카 씨는 학창시절 어떤 아르바이트를 했습니까?

2 다나카 씨가 잊을 수 없는 아르바이트는 어떤 아르바이트입니까?

3 다나카 씨는 위의 아르바이트를 하고 후회했습니까?

문형 연습

1 ~한 적이 있다(없다)

A 다나카 씨는 아르바이트를 한 적이 있습니까?

B 예, 한 적이 있습니다.

1 A 비빔밥을 먹어 본 적이 있습니까?

B 예, 먹은 적이 있습니다.

2 A 프랑스에 가 본 적이 있습니까?

B 예, 간 적이 있습니다.

3 A 일본 노래를 불러 본 적이 있습니까?

B 아니요, 부른 적이 없습니다.

4 A 이 책을 읽은 적이 있습니까?

B 아니요, 읽은 적이 없습니다.

2 ~이나 ~

A 어떤 아르바이트를 했습니까?

B 가정교사나 접시 닦기 등을 했습니다.

1 A 어떤 일본요리가 있습니까?

B 튀김이나 샤부샤부 등이 있습니다.

2 A 어떤 나라 사람이 왔습니까?

B 미국이나 중국 등의 사람이 왔습니다.

3 A 어떤 색이 좋으십니까?

B 녹색이나 물빛 등이 좋습니다.

4 A 백화점에서 무엇을 샀습니까?

B 스웨터나 스커트 등을 샀습니다.

3 ~하게 함을 당하다. 억지로 하다

A 어떤 일을 했습니까?

B 라이트를 설치했습니다.

1 A 선배에게서 어떤 일을 하도록 지시받았습니까?

B 방 청소를 하도록 지시받았습니다.

2 A 어머니에게서 무엇을 하도록 지시받았습니까?

B 심부름을 가도록 지시받았습니다.

3 A 상사에게서 무엇을 하도록 지시받았습니까?

B 서류를 작성하도록 지시받았습니다.

4 A 선생님에게서 무엇을 하도록 지시받았습니까?

B 시험 용지를 복사하도록 지시받았습니다.

회화 연습

1 당신은 아르바이트를 한 적이 있습니까? 어떤 아르바이트를 했습니까?

2 최근 학생들에게 인기가 있는 아르바이트는 무엇입니까?

3 만약 아르바이트를 한다면 어떤 아르바이트가 하고 싶습니까? 그것은 왜 그렇습니까?

4 아르바이트에서 힘든 것은 무엇입니까?

제18과 ▶ 스트레스

박순미 이시바시 씨, 조금 피곤한 것 같네요.

이시바시 예. 일이 잘 되지 않아서요.

박순미 조금 휴가를 받는 것은 어떠세요?

이시바시 저도 휴가를 받아 기분전환이라도 하고 싶지만, 일이 걱정돼서….

박순미 그래도 너무 무리하면 병에 걸리고 말아요.

이시바시 그건 그렇지만….

박순미 잘은 모르지만, 최근에는 아이부터 나이 든 사람까지 스트레스 때문에 병에 걸리는 사람이 늘고 있다고 해요.

이시바시 아이부터 나이 든 사람까지요?

박순미 예, 현대는 스트레스 사회이기 때문이죠.

이시바시 그렇군요. 그럼 내일 부장님께 휴가원을 내 봐야겠군요.

박순미 그게 좋겠어요.

1 이시바시 씨는 왜 피곤합니까?

2 이시바시 씨는 왜 휴가를 내지 않습니까?

3 박순미 씨의 이야기에 따르면 최근 어떤 사람이 증가하고 있습니까?

문형 연습

1 ~하면 어떻습니까?

A 조금 피곤합니다.

B 그럼, 기분전환이라도 하는 것은 어떻습니까?

1 A 이 일은 좀처럼 잘 되지 않습니다.

B 그럼, 하는 방법을 바꾸면 어떻습니까?

2 A 최근 위 상태가 좋지 않아요.

B 한번 병원에서 검사받는 건 어떻습니까?

3 A 집 근처의 교통이 불편해서 곤란해요.

B 과감히 이사하는 건 어떻습니까?

2 ~때문에(이유, 원인)

A 왜 병이 나는 사람이 늘고 있습니까?

B 스트레스 때문에 병이 나는 사람이 늘고 있습니다.

1 A 왜 입원했습니까?

B 과로 때문에 입원했습니다.

2 A 왜 홍수가 일어났습니까?

B 태풍 때문에 홍수가 일어났습니다.

3 A 왜 가축이 죽었습니까?

B 더위 때문에 가축이 죽었습니다.

3 잘은 모르지만 ~라고 한다

A 최근 스트레스로 어떤 사람이 병이 납니까?

B 잘은 모르지만, 아이부터 어른까지 병이 난다고 합니다.

1 A 무엇을 이야기하고 있나요?

B 잘은 모르지만, 사장이 새로운 회사를 만든다고 합니다.

2 A 그 구멍은 무엇입니까?

B 잘은 모르지만, 공룡의 발자국이라고 합니다.

3 A 어째서 저 회사 주식이 올랐습니까?

B 잘은 모르지만, 저 회사가 신약을 개발했다고 합니다.

회화 연습

1 여러분은 어떤 때 스트레스를 느낍니까?

2 당신의 스트레스 해소법은 무엇입니까?

3 스트레스가 쌓이지 않도록 하기 위해서는 어떻게 하면 좋습니까?

관심사 말하기 모델 만들기

1 요즘 가장 관심이 많은 것은 무엇인가?

◇ 가장 관심을 갖고 있는 것은 역시 일본어 공부입니다.

◆ 제가 가장 관심을 갖고 있는 것은 결혼입니다.

◇ 제가 가장 관심을 갖고 있는 것은 스트레스입니다.

2 이유는?

◇ 일본어 공부가 너무 재미있어졌는데, 어떻게 하면 효과적으로 공부가 되고, 일본어를 능숙하게 잘 쓰게 될까라는 것을 생각하는 시간이 늘었기 때문입니다.

◆ 요즘은 독신생활을 선언하는 사람이 많아졌는데, 결혼이란 대체 나에게 어떤 의미를 갖고 있는가를 곰곰이 생각하게 되었습니다.

◇ 요즘은 일이 잘 안돼서 윗분에게 혼나고 동료들에게도 왠지 폐를 끼치고 있는 듯한 생각이 들어서 어떻게 해야 좋을지 모르겠습니다. 의욕상실이란 느낌도 드는데, 이래저래 스트레스만 쌓이는 것 같습니다.

3 그래서 어떻게 할 생각인가?

◇ 우선은 열심히 공부하는 수밖에 없다고 생각합니다. 만약 좋은 의견이 있으면 여러분의 조언도 부탁합니다.

◆ 걱정이 된다고는 해도, 그렇게 심각한 상태는 아니므로, 우선은 남의 의견을 들어 보거나 참고가 될 만한 책을 읽는 등 우선은 마음 편하게 대처해 나가고 싶습니다.

◇ 이것은 나에게 문제가 있어서인지, 또는 다른 이

유가 있어서인지를 잘 생각해 보고 싶습니다. 그
래도 답을 얻을 수 없을 때는 선배나 동료에게 마
음을 터놓고 상담하려고 생각합니다.

4 자신의 판단에 중요한 요인이 되는 것은 무엇인가?

◇ 그저 열심히 공부한다는 것은 왠지 요령 없는 공
부법이란 생각이 드는데, 어느 정도 자기 나름대
로 공부할 수 있게 되기까지는, 자신에게 맞는 공
부법을 발견하기까지의 시간이 필요하다고 생각
합니다

◆ 우선은 독신생활을 할 것인가 아닌가의 어느 한
쪽의 대답을 얻으려고 한다면, 그것은 좁은 의미
에의 인생을 생각하는 것이 될지도 모르므로, 인
생을 살아간다는 큰 틀 안에서 생각하는 것이 중
요하다고 생각합니다.

◇ 회사의 입장에서 또는 윗사람, 동료의 입장에서
자신을 응시하는 것이 중요한 것 같습니다. 어쩌
면 지금까지는 내 입장에서만 생각한 건지도 모
르겠습니다.

5 최종 목표는?

◇ 일본어를 공부하는 최종적인 목표는 역시 말을
통해 일본이라는 나라의 모습을 알고 서로의 발
전과 우호에 도움이 되는 사람으로서 활약할 수
있게 되는 일입니다.

◆ 이런 것에 관심을 갖는 것은 나의 인생을 좀 더
세세한 부분까지 응시하는 것과 이어지는 것이므
로, 그 자체를 성숙의 과정으로 이해하고 싶습니
다.

◇ 인간이라면 누구라도 자기가 속해 있는 조직 속
에서 인정받는 사람으로 있고 싶지 않을까요? 하
지만 어떻게 하는 것이 회사를 위해 또는 자신의
인생을 위해 도움이 되는 것인지 그 정답은 있는
걸까요? 그 정답에 좀 더 가까이까지 가 보고 싶
은 것입니다.

참고 표현(1)

01 이야기를 시작할 때

では、お話しさせていただきます。

그럼 이야기를 시작하겠습니다.

02 순서를 정해서 말할 때

まず最初に、……。

우선 첫번째로 …….

2番目に……。

두 번째로 …….

3番目に……。

세 번째로 …….

最後に……。

마지막으로 …….

03 중요한 점을 부각시킬 때

特に、……。

특히 …….

中でも一番重要なのは、……。

그중에서도 가장 중요한 것은 …….

04 이유를 설명할 때

と申しますのは、〜からです。

그 이유는 〜이기 때문입니다.

それは、〜からです。

그것은 〜 이기 때문입니다.

05 예를 들어 말할 때

例えば、……。

예를 들면 …….

一つ例を挙げれば、……。

예를 하나 들면 …….

06 부연설명을 할 때

すなわち、……。

즉(다시 말하면) …….

もうちょっと詳しく申し上げますと、……。

좀 더 자세히 말씀드리면 …….

07 요약해서 말할 때

要するに、……。

요컨대 …….

08 개인적인 입장을 이야기할 때

わたし個人的には、……。

저 개인적으로는 …….

わたしの考えでは、……。

제 생각으로는 …….

09 이야기의 주제를 바꿀 때

ところで(ですね)……。

그런데(말이죠)…….

話しは変わりますが、……。

다른 이야기인데요…….

10 원래의 화제로 되돌아올 때

話しはもどりますが、……。
본론으로 되돌아오면…….

もとの話しにもどりまして、……。
원래 이야기로 되돌아와서…….

本題にもどりましょう。
원래 이야기로 되돌아갑시다.

11 남의 말을 인용할 때

～によると、……。
～에 의하면 …….

～の話しによりますと、……。
～의 말에 따르면 …….

12 이야기를 마칠 때

これで、わたしの話しを終わらせていただきます。
이것으로 저의 이야기를 마치겠습니다.

ご清聴、ありがとうございました。
경청해 주셔서 감사합니다.

13 상대의 말에 맞장구 칠 때

はい、そうです。
예, 그렇죠.

ああ、そうですか。
아~, 그렇군요

それは、なるほど。
그도 그럴 법하군요.

本当ですか。
정말이에요?

信じられませんね。
믿을 수 없어요.

14 무언가를 물으려 할 때

あのう、失礼ですが、……。
저, 실례지만 …….

一つ、お聞きしてもよろしいですか。
뭐 하나 여쭤봐도 괜찮겠습니까?

一つ、お聞きしたいことがあるんですが、……。
한 가지 여쭤보고 싶은 것이 있는데요 …….

□ ~당하다(수동)
　 ~(ら)れる

□ ~도 있고 ~도 있다
　 ~も あれば~も ある

□ ~때문에
　 ~の ために

□ ~라고 합니다
　 ~と申します

□ ~라는
　 ~という

□ ~만큼 …은 아니다
　 ~ほど…はない

□ ~만큼은 아니지만
　 ~ほどではないが

□ ~스러워하다
　 ~がる

□ ~시키다(사역)
　 ~(さ)せる

□ ~에 관해서는
　 ~に関しては

□ ~에 살고 있습니다
　 ~に住んでいます

□ ~에 의하면 …라고 한다
　 ~によると、…そうだ

□ ~에 의해, ~에 따라
　 ~によって

□ ~에 의해, …되다(수동 표현)
　 ~によって、…(ら)れる

□ ~에 흥미를 갖다
　 ~に興味を持つ

□ ~에게서 …을 받다
　 ~に …を もらう

□ ~에서 일하고 있습니다
　 ~で 働いています

□ ~와 그리고
　 ~と…、そして

□ ~이 되다
　 ~になる

□ ~이기 때문이다
　 ~からだ

□ ~이나 …등
　 ~や …など

□ ~이라든가 …등
　 ~とか …とか

□ ~인 것 같다
　 ~みたいだ

□ ~인지 어떤지 모른다
　 ~か どうか わからない

□ ~인지도 모른다
　 ~かも知れない

□ ~중에서 …이 가장
　~の中_{なか}で…が一番_{いちばん}

□ ~하거나 …하거나 하다
　~たり …たりする

□ ~라고 말하고 있습니다
　~と言_いっています

□ ~하고 싶다
　~たい

□ ~하는 것을 좋아합니다
　~のが好_すきです

□ ~하는 것입니다
　~ことです

□ ~하는 일도 있습니다
　~こともあります

□ ~하는 편이다
　~ほうだ

□ ~하려고 생각합니다
　~(よ)うと思_{おも}います

□ ~하면 어떻습니까?
　~たらどうですか

□ ~하면(가정)
　~と / ~ば

□ ~하면서
　~ながら

□ ~한 적이 있다(없다)
　~たことがある(ない)

□ ~한다면서요?
　~ですって?

□ ~하게 되다
　~ようになる

□ ~할 예정(계획)
　~つもり

□ ~함을 당하다(사역수동)
　~(さ)せられる

□ ~해 두다
　~ておく / ~とく

□ ~해 버리다, ~하고 말다
　~てしまう

□ ~해 보고 싶다
　~てみたい

□ ~해 보다
　~てみる

□ ~해 주다(남이 나에게)
　~てくれる

□ ~해서
　~て

□ 잘은 모르지만 ~(라고) 한다
　なんでも、~そうだ

□ 처음에는 ~지만, 점점 …해진다
　はじめは ~が、だんだん…なる

외국어 출판 40년의 신뢰
외국어 전문 출판 그룹
동양북스가 만드는 책은 다릅니다.

40년의 쉼 없는 노력과 도전으로 책 만들기에 최선을 다해온 동양북스는
오늘도 미래의 가치에 투자하고 있습니다.
대한민국의 내일을 생각하는 도전 정신과 믿음으로 최선을 다하겠습니다.

🔖 동양북스

📖 동양북스 추천 교재

일본어 교재의 최강자, 동양북스 추천 교재

회화 코스북

일본어뱅크 다이스키
STEP 1·2·3·4·5·6·7·8

일본어뱅크
좋아요 일본어 1·2·3·4·5·6

일본어뱅크 도모다찌
STEP 1·2·3

분야서

일본어뱅크
좋아요 일본어 독해 STEP 1·2

일본어뱅크
일본어 작문 초급

일본어뱅크
사진과 함께하는
일본 문화

일본어뱅크
항공 서비스 일본어

가장 쉬운 독학
일본어 현지회화

수험서

일취월장 JPT
독해·청해

일취월장 JPT
실전 모의고사 500·700

일단 합격하고 오겠습니다
JLPT 일본어능력시험
N1·N2·N3·N4·N5

일단 합격하고 오겠습니다
JLPT 일본어능력시험
실전모의고사 N1·N2·N3·N4/5

단어·한자

특허받은
일본어 한자 암기박사

일본어 상용한자 2136
이거 하나면 끝!

일본어뱅크
좋아요 일본어 한자

가장 쉬운 독학
일본어 단어장

일단 합격하고 오겠습니다
JLPT 일본어능력시험
단어장 N1·N2·N3

중국어 교재의 최강자, 동양북스 추천 교재

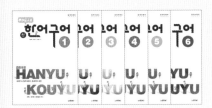

중국어뱅크 북경대학 신한어구어
1·2·3·4·5·6

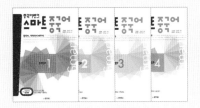

중국어뱅크 스마트중국어
STEP 1·2·3·4

중국어뱅크 집중중국어
STEP 1·2·3·4

중국어뱅크
뉴! 버전업 사진으로
보고 배우는 중국문화

중국어뱅크
문화중국어 1·2

중국어뱅크
관광 중국어 1·2

중국어뱅크
여행실무 중국어

중국어뱅크
호텔 중국어

중국어뱅크
판매 중국어

중국어뱅크
항공 실무 중국어

정반합 新HSK
1급·2급·3급·4급·5급·6급

일단 합격 新HSK 한 권이면 끝
3급·4급·5급·6급

버전업! 新HSK
VOCA 5급·6급

가장 쉬운 독학
중국어 단어장

중국어뱅크
중국어 간체자 1000

특허받은
중국어 한자 암기박사

📖 동양북스 추천 교재

기타외국어 교재의 최강자, 동양북스 추천 교재

중고급 학습

첫걸음 끝내고 보는
프랑스어
중고급의 모든 것

첫걸음 끝내고 보는
스페인어
중고급의 모든 것

첫걸음 끝내고 보는
독일어
중고급의 모든 것

첫걸음 끝내고 보는
태국어
중고급의 모든 것

첫걸음 끝내고 보는
베트남어
중고급의 모든 것

단어장

버전업! 가장 쉬운
프랑스어 단어장

버전업! 가장 쉬운
스페인어 단어장

버전업! 가장 쉬운
독일어 단어장

가장 쉬운 독학
베트남어 단어장

여행 회화

NEW 후다닥
여행 중국어

NEW 후다닥
여행 일본어

NEW 후다닥
여행 영어

NEW 후다닥
여행 독일어

NEW 후다닥
여행 프랑스어

NEW 후다닥
여행 스페인어

NEW 후다닥
여행 베트남어

NEW 후다닥
여행 태국어

수험서·교재

한 권으로 끝내는 DELE
어휘·쓰기·관용구편 (B2~C1)

수능 기초 베트남어
한 권이면 끝!

버전업!
스마트 프랑스어

일단 합격하고 오겠습니다
독일어능력시험
A1·A2·B1·B2